ENTGIFTE DEN GEIST

RAJINDER SINGH

Titel der amerikanischen Originalausgabe:
Detox the Mind
© 2022 Radiance Publishers, 1042 Maple Ave.,
Lisle, Illinois, U.S.A. 60532
Library of Congress Control Number: 2020916169
ISBN 978-0-918224-31-6

Deutsche Erstausgabe:
© 2022 SK-Publikationen Verlags-GmbH
Schleißheimer Straße 22a, 80333 München
Tel. +49/89/84 79 74
Übersetzung: Wissenschaft der Spiritualität e.V. München
Printed in EU
ISBN: 978-3-944534-04-6

Vertrieb: SK-Publikationen Verlags-GmbH
Industriestraße 29-31, 85229 Markt Indersdorf
Tel. +49/8136/8095505
E-Mail: vertrieb@skp-verlag.eu
Internet: www.skp-verlag.eu

ENTGIFTE DEN GEIST

RAJINDER SINGH

Weitere Bücher von Rajinder Singh in deutscher Übersetzung

Meditation - Medizin für die Seele
Heilende Meditation (mit einem Vorwort des Dalai Lama)
Die Weisheit der erwachten Seele
Brücken bauen durch Meditation
Der göttliche Funke
Spirituelle Perlen
Entdecke deinen inneren Reichtum

Bücher in Hindi

Spiritualität in der modernen Zeit
Wahres Glück
Selbst-Erkenntnis
Die Suche nach Frieden in der Seele
Spirituelle Schätze
Spirituelle Vorträge

Würdigung von Sant Rajinder Singhs Büchern

„Sant Rajinder Singh Ji erklärt, wie man durch Meditation und innere Schau Frieden erreichen kann. Es wird keinen dauerhaften Frieden in der Welt geben, solange nicht die einzelnen Menschen eine Art inneren Frieden haben. Um inneren Frieden zu schaffen, ist es wichtig, das Gemüt zur Ruhe zu bringen, und darin liegt die Bedeutung der Meditation. Den Beitrag, den Sant Rajinder Singh Ji hier zu dem von uns allen angestrebten Ziel des Friedens leistet, schätze ich wirklich sehr. Mögen die Leser dieses Buches den Frieden in sich selbst durch Meditation entdecken und damit zu mehr Frieden in der Welt beitragen."
– Seine Heiligkeit der Dalai Lama

„Dieser hervorragende Leitfaden spiegelt Rajinder Singhs tiefe Weisheit und die Erkenntnis wider, die durch göttliche Liebe und innere Erfüllung entstehen."
– Deepak Chopra

„Dieses Buch von Sant Rajinder Singh enthält zahlreiche inspirierende Beispiele und beleuchtet auf brillante Weise einen Weg als Brücke zwischen der materialistischen Welt der Wissenschaft und unserem inneren Selbst."
– Dr. T. Colin Campbell, Professor em., Cornell University, und Autor von "Whole" sowie "The China Study" (mit T. M. Campbell als Co-Autor)

„Ein kraftvolles, tiefgründiges und klar formuliertes Buch über praktische Spiritualität, das uns hilft, selbstgeschaffene Blockaden loszulassen, die das Bewusstsein beeinträchtigen, dass wir eins mit Gott und unseren Mitmenschen sind, dass es keine Trennung gibt und dass unsere Seele ewig lebt und vollkommen lebendig ist."
– Dr. med. Gerald G. Jampolsky (Autor von „Lieben heißt die Angst verlieren")

„In traditionellen Weisheiten fest verwurzelt, stellt sich der Autor aktuellen Fragen und Herausforderungen auf direkte und nicht-konfessionelle Weise, um die Saat des Friedens in uns im täglichen Leben und in der Welt, in der wir leben, zum Tragen zu bringen."
– **Bruder David-Steindl Rast**

„Rajinder Singhs neues Buch ist Nahrung für die Seele. Es ist eine inspirierende und informative Quelle, die sowohl Anfänger als auch erfahrene Reisende auf dem Pfad des Lebens anspricht. Als ich dieses Buch las, war ich erhoben, und nun widme ich mich mit neuem Elan meiner inneren Arbeit."
– **Steven Halpern, Pädagoge, Musikproduzent und Musiker**

„Meditation stärkt uns in zwei spirituellen Bereichen. Erstens führt sie zu innerem Frieden und Erfüllung. (…) Zweitens verhilft sie uns, unsere Talente und Fähigkeiten zu nutzen, um die Welt zu einem besseren Lebensort zu machen. Rajinder Singh führt diese Konzepte wunderschön aus. Indem wir die Meditation meistern, sagt er, erreichen wir nicht nur persönliche Erfüllung, sondern werden auch zu einem Instrument, um Frieden und Freude in unser Umfeld zu tragen."
– **Mary Nurrie Stearns, Redakteurin, Personal Transformation**

„Rajinder Singh erklärt seine Theorie, dass wahrer Friede und wahres Glück nur von innen kommen können: Die Kunst besteht darin, zu lernen, wie man sie erschließt."
- **„Here's Health Magazine"**

„Sant Rajinder Singhs neuestes Werk „Detox the Mind" bietet eine individuelle Strategie zur Verbesserung der Menschheit. Dieses Buch befähigt zu ehrlicher Selbstfindung. Die Herausforderung, die der Autor darstellt, und die Mittel, die er für jeden Menschen individuell aufzeigt, werden die Gesellschaft - Person für Person - verbessern."
– **Terry Mason, Dr. med., leitender Geschäftsführer i. R., Cook County Department of Public Health**

Inhalt

Teil 1: Was bedeutet es, den Geist zu entgiften? 9
Einführung Ein ruhiges, entspanntes und freudvolles Leben führen 11
Kapitel 1:   Was bedeutet Detox? 13
Kapitel 2:   Toxine, die unser Gemüt beeinträchtigen 21

Teil 2: Vorteile durch das Entgiften des Geistes
Schlüssel zu Gesundheit, Erfolg, Glück und Frieden 27
Kapitel 3:   Die körperliche Gesundheit fördern 29
Kapitel 4:   Mentale und emotionale Gesundheit genießen 33
Kapitel 5:   Erfolg in den Bereichen Schule, Studium, Beruf,
             Karriere und Sport 39
Kapitel 6:   Verbessere deine Beziehungen 45
Kapitel 7:   In Frieden und Freude leben 53
Kapitel 8:   Die Wunder der spirituellen Gesundheit 59
Kapitel 9:   Spirituelle Erleuchtung erlangen 63

Teil 3: Persönlicher Plan, um den Geist zu entgiften 67
Kapitel 10: Plan zur persönlichen Weiterentwicklung: Meditationsanleitung 69
Kapitel 11: Frieden durch Gewaltlosigkeit 75
Kapitel 12: Wahrhaftigkeit – ein Leben frei von Stress 97
Kapitel 13: Der Liebreiz von Demut und Bescheidenheit 113
Kapitel 14: Liebe für alle 131
Kapitel 15: Von Selbstsucht zu Selbstlosigkeit 147
Kapitel 16: Die Freude des selbstlosen Dienens 163
Kapitel 17: Meditation – die Lösung für Stress, Angst, Furcht,
             Panik und Sorgen 183

Teil 4: Ein neues Selbst
Wie man ein friedliches, glückliches Leben führt 205
Kapitel 18: Ein neues Selbst: Freude an einem Leben ohne mentale Toxine 207
Über den Autor: 221

TEIL 1

Was bedeutet es, den Geist zu entgiften?

EINFÜHRUNG

Ein ruhiges, entspanntes und freudvolles Leben führen

Ein Leben, frei von Stress, Furcht, Angst und Depression, erwartet uns. Wir können aufwachen und freudig auf einen Tag blicken, der von Frieden und Freude erfüllt ist. Stellt euch vor, wie wunderbar unser Leben wäre, wenn wir Stress durch Entspannung und Glück ersetzen könnten! Wir können einfache Schritte unternehmen, um diesen Traum wahr werden zu lassen.

Stellt euch die Ruhe des kristallklaren Wassers eines Sees vor, der die atemberaubende Landschaft widerspiegelt! Wenn wir in seine stillen Wasser eintauchen, werden wir ganz von Ruhe durchdrungen. Jeglicher Stress schmilzt dahin und wird durch ein intensives Wohlgefühl ersetzt. Liebe und Freude kommen in uns auf. All unsere Probleme schwinden, wenn wir im See der Liebe, des Glücks und der Wonne dahintreiben.

In uns befindet sich ein ruhiger See tiefer Entspannung. Leider können ihn viele nicht erfahren, weil er von Verunreinigungen, Verschmutzungen, Toxinen und Giftstoffen bedeckt ist, die ihn unzugänglich machen.

Wenn wir einen bestimmten Stufenplan befolgen, können wir nach Belieben in ein inneres Meer der Entspannung eintauchen und ein freudvolles und friedvolles Leben führen.

Diese Reise beginnt, wenn wir die Hindernisse entfernen, die uns davon abhalten, unsere innere Heilquelle zu entdecken. Wer die eigene Gesundheit fördern und sein körperliches Wohlbefinden steigern möchte, durchläuft einen Prozess der Entgiftung (Detox), bei dem man sich von allen Unreinheiten befreit. Doch selbst nach einer Reinigungskur unseres Körpers leiden wir vielleicht noch immer unter mentalem Stress, Angst, Furcht, Depression, Hoffnungslosigkeit und Traurigkeit. Um glücklich zu sein, braucht man sich nicht Drogen und Alkohol zuzuwenden, um dann an deren nachteiligen Nebenwirkungen zu leiden. Wir können unsere mentalen Blockaden beseitigen, die uns von Frieden und Glück abhalten. Indem wir uns von mentalen Toxinen reinigen, können wir ein Leben beständiger Freude und dauerhaften Friedens führen.

Befreien wir uns von psychischem Stress und Ängsten, öffnen wir uns für eine noch größere Belohnung: Unsere mentale und emotionale Verfassung wird geklärt und gereinigt, sodass wir die spirituellen Schätze unserer Seele erfahren. Ein vergiftetes Gemüt blockiert unsere Verbindung zur Quelle von bedingungsloser Liebe, Ekstase und Frieden. Wenn wir unser Gemüt reinigen, werden wir fähig, in einen See allumfassender Liebe, Glückseligkeit und Freude im Inneren einzutauchen.

Menschen in aller Welt wenden sich der Meditation als einem Weg zu, sich von mentalen Toxinen zu befreien, um Frieden und Glück zu erlangen. Dieses Buch mit praktischen Anleitungen begleitet uns durch einfache Methoden der Meditation, um unseren Stress durch beglückende Entspannung zu ersetzen. In den verschiedenen Kapiteln finden sich Handlungsanleitungen und Übungen, die uns helfen können, uns auf einzelne Schritte zu konzentrieren, sodass wir mentale und emotionale Giftstoffe ausscheiden und in den nährenden Frieden und die Freude im Inneren eintauchen können.

– Rajinder Singh

KAPITEL 1

Was bedeutet Detox?

Auf unserer Suche nach Frieden und Glück begegnen uns oft Hindernisse. Einige Herausforderungen, die uns davon abhalten, ein ruhiges Leben zu führen, betreffen unseren physischen Körper. Mit Schmerzen und körperlichen Unannehmlichkeiten zu leben, macht es für uns schwierig, Frieden zu empfinden. Dies motiviert uns, nach Lösungen zu suchen, unsere körperliche Gesundheit wiederherzustellen. Wenn sich Toxine im Körper ansammeln, kommt es zu Funktionsstörungen unserer Organe. Dies kann zu Schmerz und Unwohlsein führen. Eine Möglichkeit der Vorbeugung, um unsere Gesundheit wiederherzustellen, besteht darin, unseren Körper zu entgiften.

Detox unseres Körpers ist nur ein Teil des Weges, Frieden und Freude zu erlangen. Unser Gemüt mit unseren Gedanken und Emotionen stellt uns vor Herausforderungen, was unser Glück betrifft. Während des Tages werden wir von Gedanken bombardiert, die uns mental und emotional beeinträchtigen. Auch wenn wir darin erfolgreich waren, unseren Körper zu entgiften, fühlen wir uns vielleicht mental und emotional aufgewühlt und von Stress geplagt. Können wir dieselbe Methode, unseren Körper zu entgiften, auch auf unser Gemüt anwenden? Wird das Entgiften unseres Gemüts zu Frieden und Glück führen, wonach wir alle suchen? Dieses Buch möchte uns Werkzeuge zur Hand geben, die wir in unserem täglichen Leben anwenden können, um Schritt für Schritt Glück und Frieden zu erreichen.

Betrachten wir zunächst die Unterschiede zwischen Detox unseres Körpers und unseres Gemüts mit all seinen Gedanken und Emotionen:.

Detox des Körpers

Manche Krankheiten lassen sich auf giftige Substanzen im Körper zurückführen. Die wichtigsten Reinigungsorgane unseres Körpers sind Leber und Nieren. Ihre wesentliche Funktion besteht darin, unseren Körper von den aufgestauten Toxinen, die unsere Gesundheit beeinträchtigen, zu befreien. Durch das Ausscheiden beziehungsweise die Reduktion der toxischen Last in unserem Körper können wir verschiedene Krankheiten beseitigen.

Oft nehmen die Menschen absichtlich toxische Substanzen zu sich, z.B. Alkohol, Tabak oder halluzinogene Drogen, die als gesundheitsschädlich bekannt sind. Viele Nahrungsmittel und Getränke, die wir konsumieren, enthalten zahlreiche Gifte, derer sich die meisten von uns nicht bewusst sind. Wenn sich derartige Toxine in unseren Systemen ansammeln, führt dies zur Beeinträchtigung beziehungsweise zum Versagen der Organe. Umweltgifte sind eine Begleiterscheinung unseres Lebens in einer industrialisierten Welt. Wir alle sind verschiedenen Arten von Umweltverschmutzung ausgesetzt, abhängig davon, in welchem Teil der Welt wir leben.

Entgiften können wir durch verschiedene Mittel:

- **Medizinisches Detox** umfasst Ernährung, Diät, Medikamente oder Technologien, um den Körper von Toxinen zu befreien. Die

Ausscheidung von Schwermetallene erfolgt vorwiegend über die Leber. Entgiftung wird auch eingesetzt, um chemische Substanzen auszuleiten, die Süchte auslösen, wie Drogen oder Alkohol. Wenn sich die toxische Last in den Nieren erhöht, können diese nicht mehr auf natürliche Weise überschüssiges Wasser, Lösungen und Toxine aus dem Blut entfernen. Bei einem Nierenversagen wird ein Dialysegerät eingesetzt, das auf künstliche Weise wie eine Niere wirkt und Toxine aus dem System entfernt.

- **Medizinische Prophylaxe** zielt auf das Vermeiden und Ausscheiden von Toxinen, bevor sie gesundheitliche Probleme verursachen.

- **Alternative Methoden** entgiften den Körper durch natürlichere Methoden. Dazu zählen Nahrungsergänzungsmittel aus Kräutern oder Vitaminen, elektromagnetische Behandlungen, innere Reinigung des Körpers, Fasten, Chelat-Therapie (Schwermetallentgiftung), Stoffwechseltherapie und vieles andere. Diese Behandlungen beschleunigen die Fähigkeit des Körpers zur Entgiftung, können jedoch auch zum Verlust beziehungsweise zur Ausscheidung wesentlicher Elemente führen. Eine Beaufsichtigung durch einen medizinischen Experten ist empfehlenswert.

Wenn wir unseren Körper entgiften, bewirkt dies einen besseren Gesundheitszustand sowie mehr Wohlbefinden. Es ist ein Schritt zur Vorbeugung von Krankheiten.

Detox von Gedanken und Emotionen

Durch den Fortschritt in der Medizin wurden Ursachen vieler körperlicher Krankheiten entdeckt und Behandlungsmöglichkeiten entwickelt. Ungeachtet dessen stellt sich die Frage, welche Ursache jene Toxine haben, die unser Gemüt, unsere mentale und emotionale Verfassung, beeinträchtigen, und welche Lösungen es dafür gibt.

Wie sieht der Mechanismus aus, der unsere Gedanken und Emotionen vergiftet?

In diesem Zusammenhang gibt es eine Geschichte über einen Lehrer, der dafür bekannt war, den Schülern zu einer guten Konzentration zu verhelfen. Diese hatten bereits monatelang geübt, aber noch immer nicht das Fach gemeistert. Einer ihrer Freunde fragte sie, warum es so lange dauere, eine einzige Fähigkeit zu erwerben.

Ein Schüler antwortete: „Es ist eben nicht so einfach."

Der Freund meinte: „Vielleicht bist du nicht so klug wie ich. Mit meiner Intelligenz brauche ich nicht so lange, um dies zu erlernen. Bring mich doch zu deinem Lehrer!" Der Schüler nahm ihn mit in die Klasse und bat den Lehrer, seinem Freund zu helfen, sich konzentrieren zu lernen.

Der Lehrer trug dem Schüler auf, in den Wald zu gehen, um dort mentale Konzentration zu üben. Er erklärte ihm: „Deine Aufgabe besteht darin, Zeichenpapier und Stift einzupacken und im Wald einen Teich mit stillem Wasser zu suchen. Setz dich dorthin, betrachte dein Spiegelbild im Teich und zeichne dann dein eigenes Gesicht."

Der Schüler war damit einverstanden, im Glauben, dass dies leicht machbar sei. Der Lehrer stellte ihn aber noch vor eine zusätzliche Aufgabe: „Nimm auch einen Sack mit Kieselsteinen mit. Während du dein Spiegelbild im stillen Wasser betrachtest, musst du jedes Mal einen Kieselstein in das Wasser werfen, wenn sich irgendein Gedanke in dir erhebt. Es können Gedanken jeglicher Art sein, aber sobald ein Gedanke aufsteigt, wirf einen Kieselstein. Wenn du dann in der Lage bist, deine Widerspiegelung im Teich klar zu sehen, dann zeichne, was du siehst, und bring mir die Zeichnung."

Der Schüler war motiviert und dachte, dass die zweite Aufgabe ebenfalls einfach zu bewerkstelligen sei und er keine Probleme haben würde, sein Spiegelbild im Wasser nachzuzeichnen.

Nachdem der neue Schüler einen kleinen Teich ausfindig gemacht hatte, setzte er sich hin und nahm Papier und Stift heraus. Mit dem Sack mit Kieselsteinen an seiner Seite beugte er sich nach vorne, um sein Spiegelbild zu sehen. Dabei fiel ihm ein, was er mit seinen Freunden am Vortag unternommen hatte. „O-o", dachte er, „da ist doch ein Gedanke." Er griff in den Sack, zog einen Kieselstein heraus und warf ihn ins Wasser. Kreisförmige Wellen breiteten sich aus und er konnte seine Widerspiegelung nicht mehr sehen.

Als das Wasser wieder still geworden war, betrachtete er erneut sein Gesicht, doch dieses Mal begann er, Pläne für den Abend zu schmieden. Ihm wurde bewusst, dass er schon wieder einen Gedanken hatte, und so warf er einen weiteren Kieselstein ins Wasser. Abermals störten die Wellen die Ruhe des Teichs und sein Gesicht war nicht klar zu sehen.

„Dies ist vielleicht schwieriger als gedacht", meinte er. Als sich die Wellen beruhigten, versuchte er es erneut, doch nun kam ihm eine Auseinandersetzung mit einem Mitschüler in den Sinn, und er begann, diesen in Gedanken zu kritisieren. Wieder erkannte er, dass seine Gedanken unruhig waren, und er warf einen weiteren Stein. Jedes Mal musste er darauf warten, dass sich die Wellen beruhigten, damit er sein Gesicht wieder sehen konnte.

Stunden vergingen auf diese Weise. Manchmal rief er sich glückliche Ereignisse in Erinnerung, ein anderes Mal erhoben sich Gedanken der Eifersucht in ihm. Dann wiederum machte er sich Sorgen über den Gesundheitszustand seiner Eltern. Viele Gedanken schlichen sich in seinem Gemüt ein, die ihn alle dazu zwangen, jeweils einen Kieselstein zu werfen, sodass das ruhige Wasser in Bewegung kam.

Der Schüler war enttäuscht, weil er sich kein einziges Mal im Wasser betrachten konnte, ohne dass ihn ein Gedanke dazu zwang, einen Kieselstein in den Teich zu werfen. So verging der ganze Tag und er kehrte ohne Zeichnung zu seinem Lehrer zurück.

Als dieser den Schüler bat, ihm das Bild seines Gesichts zu zeigen, erwiderte der Student: „Ich konnte keinen einzigen Augenblick ohne Gedanken verbringen. Der Tag verlief mit einem beständigen Gedankenstrom, sodass ich immer wieder einen Kieselstein werfen musste, der die Ruhe des Wassers störte."

Der Lehrer lächelte und meinte: „Nun kannst du erkennen, warum deine Freunde so lange brauchen, um diese Fähigkeit zu meistern. Gedanken gleichen Wellen im Ozean, die beständig auf den Strand einströmen, sodass das Meer kaum jemals still genug wird, um die eigene Widerspiegelung klar darin zu sehen."

Diese Geschichte zeigt auf, wie schwierig es ist, frei von Stress und Sorge zu leben. Der beständige Gedankenstrom nimmt unsere Aufmerksamkeit gefangen. Toxische Gedanken gleichen Kieselsteinen, die man ins Wasser wirft. Dies verursacht Wellenbewegungen, die den Gemütsfrieden stören.

Was sind nun die verschiedenen Toxine beziehungsweise Gifte, die uns mental und emotional beeinträchtigen und uns Stress und Leid verursachen? Warum stören diese Toxine unseren mentalen Zustand? Welche sicheren und natürlichen Methoden gibt es, um uns davon zu befreien und Erleichterung von den mentalen und emotionalen Schmerzen des Lebens zu erlangen?

Toxine, die psychisches Leid und mentalen Schmerz verursachen

Wann haben wir vollkommenen Frieden empfunden? Wann haben wir eine Zeit erlebt, in der uns nichts und niemand störte? Haben wir jemals eine Ruhe verspürt, die jede Pore unseres Wesens durchdrang? Wann waren wir von Zufriedenheit erfüllt? In welchem Zustand haben wir Glück und Ruhe genossen? Wenn wir jemals solche Erfahrungen gemacht haben, hatten sie folgende Auswirkungen:

- neue Energie und Lebensfreude?
- ein Gefühl der Verbundenheit mit anderen und der Natur?
- ein Ausdehnen unseres Herzens und unserer Seele, um die Einheit mit den anderen und dem Universum zu spüren?
- Liebe, die aus unserem inneren Selbst erblüht?

Wir alle wären sehr gerne in diesem Zustand. Es ist unser natürlicher Zustand, in dem wir uns wohlfühlen. Unser innerstes Wesen besteht aus Frieden, Glück, Zufriedenheit und Freiheit von Stress. Wir können jeden Augenblick unseres Lebens in diesem Zustand der Freude verbringen. Es ist möglich, diese Momente zu bewahren und zu einem Teil unseres gesamten Lebens zu machen. Inneres Gleichgewicht ist möglich. Man kann solche Zustände des Glücks erreichen. Wir müssen nur unser Gemüt, unsere Gedanken und Emotionen, entgiften, um dies zu erlangen.

Uns unserer mentalen Gifte bewusst zu werden, ist der erste Schritt. Hier findet ihr eine Liste von Toxinen, die normalerweise unser Gemüt belasten:

- Ärger
- Hass
- Kritik
- gewaltvolle Gedanken
- Intoleranz
- Vorurteile und Bigotterie
- Selbstbezogenheit bzw. Egotismus
- Eifersucht und Neid
- Gier und Besitzergreifen
- Selbstsucht
- Sorge um die Zukunft
- Lügen
- Täuschung
- Heuchelei
- Wünsche
- Verhaftung
- Obsession
- Angst
- Furcht
- Panik
- Stress und Sorge wegen der Vergangenheit

Aufgrund unserer eigenen Erfahrung können wir wahrscheinlich noch weitere Toxine hinzufügen. Jedes einzelne von ihnen kann uns in mentaler und emotionaler Hinsicht verschmutzen.

Sich der mentalen Toxine bewusst werden

Viele Menschen sind sich dessen bewusst, dass sie sich nicht zufrieden und glücklich fühlen, kennen aber die Ursache dafür nicht. Es ist einfacher zu erkennen, was uns körperlich Unbehagen bereitet. Wir nehmen zum Beispiel das Jucken wahr, wenn uns eine Stechmücke gestochen hat. Wir wissen, wie sich unser Magen anfühlt, wenn wir etwas Verdorbenes gegessen haben. Wir niesen, wenn wir uns eine Erkältung zugezogen haben. Doch wie viele von uns sind sich der Auswirkungen auf unsere Gemütsverfassung bewusst, wenn uns verschiedene mentale Toxine beeinträchtigen? Wenn wir uns dieser Toxine bewusst werden, können wir Schritte unternehmen, um deren Auswirkungen zu vermeiden und unser mentales Wohlbefinden aufrecht zu erhalten.

Übung: **Gehe die Auflistung der Toxine in diesem Kapitel durch. Erstelle eine Liste jener Toxine, die deinen persönlichen Gemütsfrieden stören. Fertige eine zweite Liste für „Ziele, um mich von mentalen und emotionalen Toxinen zu reinigen" an und halte darin jene Toxine fest, die du mit Hilfe dieses Buches beseitigen möchtest.**

KAPITEL 2

Toxine, die unser Gemüt beeinträchtigen

Haben wir in unserem Beruf so viel zu tun, dass wir manchmal das Gefühl haben, alles wächst uns über den Kopf? Wir sind vielleicht gerade dabei, eine Aufgabe abzuschließen, während schon wieder Termine und Fristen für neue Aufgaben auf unserem Schreibtisch landen. Wir haben das Gefühl, dass wir all die Fristen nicht einhalten können, und machen daher Überstunden. Unsere Arbeit nimmt ein so großes Ausmaß an, dass wir sie mit nach Hause nehmen müssen. Darüber hinaus werden wir von unentwegt eingehenden E-Mails und Textnachrichten unterbrochen, die unsere Zeit in Anspruch nehmen.

Vielleicht führen wir einen Haushalt. Der Zeitplan unserer familiären Verpflichtungen sieht aus wie ein Kontrollbord beim Luftverkehr. Wir eilen von einer Aufgabe zur nächsten, fahren unsere Familienmitglieder von einer Aktivität zur anderen und haben keine Verschnaufpause.

Zusätzlich zu Arbeit und Familienleben kommen ständig Tätigkeiten auf uns zu, die unsere grundlegenden Bedürfnisse betreffen. Wir müssen uns um unsere Gesundheit, unsere Finanzen, die Beziehungen, die Verpflichtungen innerhalb der Gemeinschaft und andere Aufgaben kümmern.

Wir haben so viel zu tun und zu wenig Zeit dafür. Als Ergebnis leben wir ständig unter Druck und Stress. Wir haben kaum Zeit für eine Pause oder Urlaub. Das fortwährende Multitasking und Umhereilen, um alle Fristen einzuhalten, erreicht einen Pegel, an dem wir mental und emotional so sehr von Stress geplagt sind, dass unsere Gesundheit und unser Wohlbefinden leiden.

Unsere Beziehungen zu anderen – sei es in der Arbeit, zu Hause, zu unseren Freunden, zu den uns nahestehenden Personen, zu den Nachbarn oder anderen Menschen in allen möglichen Lebensbereichen – kann uns vor Herausforderungen stellen. Jeder hat seinen eigenen Hintergrund und seine eigene Denk- und Verhaltensweise. Nicht jeder denkt, spricht oder handelt wie wir. Wenn wir mit Menschen zu tun haben, die anderer Ansicht sind, erfahren wir Stress, sofern wir nicht die Kunst der Anpassung, der Zusammenarbeit und der Kompromissbereitschaft gelernt haben. Wir leiden vielleicht mental, wenn wir wegen der Denk- oder Handlungsweise anderer nachgeben müssen, oder wir versuchen, uns selbst durchzusetzen. All dies vergrößert unseren psychischen Stress im Leben.

Während es viele verschiedene Arten von Toxinen gibt, haben sie alle eine ähnliche Wirkung. Mentale Toxine färben unsere Sichtweise der Welt und unsere Erfahrungen im Leben.

Es gibt eine Geschichte über einen Vater und seinen erwachsenen Sohn, die beide eine gute Zeit miteinander verbringen wollten. Da der Vater sein ganzes Leben lang hart gearbeitet und kaum jemals Zeit zum Reisen gehabt hatte, kaufte sein Sohn Tickets für eine Reise in weit entfernte Länder.

KAPITEL 2: TOXINE, DIE UNSER GEMÜT BEEINTRÄCHTIGEN

Ihr erster Aufenthaltsort war eine Gebirgsregion mit spektakulärem Panorama. Der Sohn dachte, dass die atemberaubende Aussicht von den Berggipfeln mit erfrischenden Bächen, die durch Pinienwälder flossen, seinem Vater große Freude bereiten würde. Während der Sohn vergnügt die schöne Landschaft fotografierte, fehlte es dem Vater an Begeisterung.

„Was ist los?", fragte der Sohn.

Der Vater antwortete: „Ich weiß nicht, warum du mich hierhergebracht hast. Der Himmel ist dunkel und bewölkt. Die Flüsse sehen verschmutzt und trübe aus. Ich weiß, dass du es gut gemeint hast, aber dies ist ein trauriger, düsterer Ort."

In der Hoffnung, dass der nächste Ferienort seinem Vater besser gefallen würde, flog der Sohn mit dem Vater zu einem sonnigen Strand am Meer. Erfreut über die blaugrüne Farbe des Ozeans und die naturbelassenen Sandstrände, machte der Sohn erneut Fotos, um sich schöne Erinnerungen bewahren zu können. Doch der Vater schien wiederum enttäuscht zu sein.

„Was ist das nur für ein Ort?", fragte er. „Der Ozean ist durch Abfälle verschmutzt. Der Sand ist so dreckig, dass ich nicht einmal hier sitzen möchte."

Über die Enttäuschung seines Vaters verwirrt, dachte der Sohn, dass der nächste Ferienort seinem Vater hoffentlich mehr zusagen würde. Sie besuchten einen Ort mit lieblichen botanischen Gärten.

Auf ihrem Streifzug durch die Gärten sahen sie unzählige Blumen in allen möglichen Farben, Formen und Größen. Wieder war der Sohn damit beschäftigt, Fotos zur Erinnerung aufzunehmen.

Der Vater bemerkte: „Du gibst all das Geld aus, um diesen Garten zu besuchen. Doch ich denke, dass die Blumen in meinem Haus weitaus farbenprächtiger und schöner sind als diese hier. Wie kann man nur ein so hohes Eintrittsgeld verlangen, wenn man bloß diese düsteren und leblosen Pflanzen zu sehen bekommt!"

Nach der Reise kehrten sie in das Haus des Vaters zurück.

Der Sohn meinte: „Es tut mir so leid, dass die Reise für dich eine Enttäuschung war. Ich verstehe es nicht. Wir haben so viele wunderschöne Dinge gesehen, und du hast dich über alles beschwert."

Der Sohn druckte sämtliche Bilder aus, die er aufgenommen hatte, um seinen Vater daran zu erinnern, was sie gesehen hatten.

Dieser sagte: „Was hast du nur mit diesen Aufnahmen gemacht? Hast du die Bilder mit einer Software aufgebessert, um all diese Orte schöner aussehen zu lassen, als sie waren?"

Der Sohn antwortete: „Absolut nicht. Genau so sah alles aus."

Der Vater erwiderte: „Die Bilder zeigen helle, saubere und schöne Orte. Das ist aber nicht, was ich auf der Reise gesehen habe. Du musst die Bilder verändert haben, bevor du sie ausgedruckt hast."

Dann fiel dem Sohn etwas auf: Als sie die Bilder betrachteten, nahm der Vater seine Brille ab.

„Vater, du bist kurzsichtig. Du hast aber auf der ganzen Reise deine Fernbrille getragen." Der Sohn sah sich die Brille des Vaters genau an und hielt sie gegen das Licht.

„Sieh nur!", rief der Sohn, „diese Gläser sind nicht nur schmutzig, sondern haben auch mehrere Kratzer und Sprünge. Kein Wunder, dass dir all die schönen Anblicke nicht gefallen haben! Du hast alles durch deine verschmutzte und beschädigte Brille gesehen."

Die Erfahrung des Vaters beschreibt, wie wir die Welt erleben. Unser tägliches Leben ist durch die Linse unserer mentalen Sichtweise gefärbt. Wenn die Linse unserer Gedanken sauber ist, sehen wir die Dinge, wie sie sind. Wenn aber unsere Gläser von Toxinen verschmutzt sind, dann erfahren wir diese Gifte in unserem Leben. Als Ergebnis leiden wir und sind vielleicht unglücklich, gestresst, beunruhigt und angsterfüllt. Wenn dies ein unerträgliches Ausmaß erreicht, kann es zu Depressionen, Hoffnungslosigkeit, Hilflosigkeit und Panikattacken kommen.

Verstehen wir die verschiedenen Toxine, die uns mental und emotional verschmutzen, können wir sie entfernen und den Stress in unserem Leben verringern. Wir können lernen, uns zu entspannen und ruhig zu bleiben, sodass sich unsere Gesundheit und unser Wohlbefinden verbessern.

Wenn wir unser Gemüt entgiften, können wir uns darin üben, mit dem Stress zurechtzukommen, und in den Pool der Entspannung in uns eintauchen.

Übung: **Liste auf, was Stress in deinem Leben verursacht! Füge hinzu, was in diesen Kapiteln nicht angeführt ist. Schreibe dann persönliche Vorteile nieder, die du gerne erlangen möchtest, indem du diese Stressfaktoren eliminierst. Denke an die verschiedenen Toxine, die dein Gemüt plagen. Stelle als ersten Schritt, um sie zu überwinden, die Auswirkungen fest, die jedes einzelne in deinem Leben hat. Während dieses Kapitel dazu gedacht ist, sich jener Toxine bewusst zu werden, die dich mental beeinflussen, bietet Teil 3 dieses Buchs Lösungen an, die du in deinem Leben anwenden kannst, um dein Gemüt von diesen Toxinen zu befreien.**

TEIL 2

Vorteile durch das Entgiften des Geistes

Schlüssel zu Gesundheit, Erfolg, Glück und Frieden

KAPITEL 3

Die körperliche Gesundheit fördern

Die medizinische Forschung weist auf einen Zusammenhang zwischen unserem Körper und unserer mentalen Verfassung hin. Unser Gemütszustand beeinflusst unsere körperliche Gesundheit. Unsere physische Gesundheit wirkt sich auf unsere Psyche aus. Daher haben mentale Toxine eine nachteilige Wirkung auf Gesundheit und Wohlbefinden unseres Körpers. Wenn wir das Risiko für verschiedene Krankheiten senken wollen, können wir Maßnahmen ergreifen, um unsere mentalen Giftstoffe zu verringern.

Anatomie einer durch Stress und mentale Giftstoffe bedingten Krankheit

Wenn wir die Liste der Toxine durchgehen, erkennen wir, dass sie alle ähnliche Auswirkungen haben. Sie verursachen Stress. Ärger, Ego, Gier, Verhaftung, Sorge über Vergangenheit und Zukunft oder sonstiges Unbehagen lösen eine psychische Stressreaktion aus.

Unsere Herzfrequenz erhöht sich durch unsere Bereitschaft, zu fliehen oder zu kämpfen. Die Blutgefäße ziehen sich zusammen und pumpen das Blut noch kräftiger in unsere Beine und Arme, damit wir davonlaufen und uns selbst verteidigen können. Die Atmung wird schneller und flacher. Unser Magen verkrampft sich. Die Nebennieren pumpen Adrenalin und Cortisol in unser System. Was an sich als Überlebensreaktion in einer lebensbedrohlichen Situation gedacht ist, kann auch zu einer Reaktion auf jedes mentale Toxin, mit dem wir zu tun haben, werden.

Wenn wir diese Stressreaktion hin und wieder erleben, kann unser Körper damit umgehen, da wir nach der Bedrohung wieder in unseren normalen, stressfreien und entspannten Zustand zurückkehren. Doch jeden Tag ständig in Angst und Furcht zu leben, kann unserem Körper schaden.

Forscher im Bereich der Medizin haben die Auswirkung von Stress auf unsere körperliche Gesundheit untersucht. Sie führen bestimmte Krankheiten auf Stress zurück. Dazu zählen Herzerkrankungen, Herz-Kreislauf-Erkrankungen, Schlaganfälle, Magenbeschwerden, Kopfschmerzen, Hautprobleme, hormonelle Probleme und viele andere Beschwerden.

Wenn übermäßig Cortisol und Adrenalin in unserem Körper zirkulieren, beeinträchtigt dies verschiedene Körperfunktionen. Aufgrund seiner Nebenwirkungen verschreiben Ärzte das Medikament Kortison nur zur kurzfristigen Anwendung und als letztes Mittel der Wahl bei bestimmten Erkrankungen. Dennoch werden wir durch mentale Toxine dem Risiko der gefährlichen Nebenwirkungen von Cortisol ausgesetzt, das bei Stress ständig durch unseren Körper strömt, Tag für Tag. Dadurch entsteht ein Dominoeffekt. Unser Körper reagiert auf mentale Stressfaktoren mit stressbedingten Krankheiten. Dagegen brauchen wir dann Medikamente, die ihre eigenen Nebenwirkungen haben. Wegen der Nebenwirkungen dieser ersten Medikation benötigen wir vielleicht noch weitere Medikamente. So beginnt eine

Abwärtsspirale, die hätte vermieden oder verringert werden können, wenn wir das anfängliche Problem kontrolliert hätten – unsere mentalen Giftstoffe.

Als Kind lernen wir, dass wir uns die Hand verbrennen, wenn wir sie auf den Herd legen. Wir brauchen vielleicht nur eine einzige Erfahrung, die uns lehrt, dies nicht zu wiederholen. Wenn wir erkennen, dass es zu körperlichen Krankheiten führen kann, wenn wir mentalen Toxinen nachgeben, können wir beschließen, die Gewohnheit aufzugeben, uns mit Gedanken zu beschäftigen, die psychischen Stress verursachen.

Körperliche Vorteile durch das Entgiften unserer Gedanken und Emotionen

Wenn wir mentale Toxine kontrollieren, können wir unser Risiko für stressbedingte Erkrankungen des Körpers senken. Dadurch ist es wahrscheinlicher, dass wir uns besserer Gesundheit und gesteigerten Wohlbefindens erfreuen. Unsere Herzfrequenz und unsere Atmung werden in einem stressfreien Tempo funktionieren. Kampf- oder Fluchthormone werden nicht ausgeschüttet, wodurch weniger Schaden an unseren Organen entsteht. Ohne Stress laufen unsere Körpersysteme reibungsloser. Wir können uns leicht von zeitweise auftretendem Stress erholen und in unseren natürlichen Zustand der Ruhe und Gelassenheit zurückkehren. So beginnt ein Wohlfühl-Kreislauf. Wenn wir uns körperlich gut fühlen, sind wir in einer friedlicheren psychischen Verfassung. Wenn wir gedanklich zur Ruhe kommen, nimmt unser Stress ab, was zu verbesserter körperlicher Gesundheit beiträgt.

Wenn wir üben, den Strom der mentalen und emotionalen Toxine zu kontrollieren, fühlen wir uns körperlich und psychisch besser. Dieser neue Impuls an Wohlbefinden motiviert uns, immer wieder in dieser glücklichen Verfassung zu sein, sodass wir Kontrolle über die Giftstoffe erlangen, die uns körperlich angreifen. Allmählich werden wir stärker und können diesen Toxinen besser widerstehen.

Das Entgiften unserer Gedanken und Emotionen kann die Auswirkungen von stressbedingten Krankheiten verhindern und verringern, wodurch unsere körperliche Gesundheit gefördert wird.

Übung: Denke an Zeiten, in denen dein Stress zu körperlichen Krankheiten geführt hat. Miss deinen Puls oder deine Atemfrequenz, wenn du unter Stress stehst. Vergleiche die Ergebnisse mit Zeiten, als du dich ruhig und gelassen gefühlt hast. Vielleicht möchtest du mit einem Tagebuch beginnen, in dem du dir Notizen über deinen täglichen Stress machst und festhältst, ob er deine körperliche Gesundheit in irgendeiner Weise beeinträchtigt.

KAPITEL 4

Mentale und emotionale Gesundheit genießen

Unser Gemüt mit Toxinen zu verunreinigen, kann zu Problemen führen, die unsere mentale und emotionale Gesundheit beeinträchtigen. Wir geraten in einen Teufelskreis, der durch unsere Gedanken entsteht und stressbedingte Krankheiten auslöst. Schmerz und Leid – verursacht durch eine derartige Krankheit – können zu weiteren mentalen und emotionalen Schwierigkeiten führen. Wenn unsere Hormone aufgrund von Stress aus dem Gleichgewicht geraten, können Krankheiten entstehen, die unsere mentale und emotionale Verfassung beeinträchtigen. Zahlreiche psychische Probleme hängen mit der Chemie im Gehirn zusammen. Viele sind physiologischer Natur, wofür verschreibungspflichtige Medikamente notwendig sind. Während einige mentale und emotionale Beschwerden genetisch bedingt sind, werden andere durch Umweltfaktoren oder die Körperchemie, die durch Stress entsteht, verursacht. Wenn wir unseren Stress verringern können, sind wir vielleicht auch imstande, stressbedingte Krankheiten, die unseren mentalen und emotionalen Zustand beeinträchtigen, zu reduzieren.

Gifte wie Hass, Kritik und gewaltvolle Gedanken können in Wut und Zorn ausarten. Wenn wir in einer so ärgerlichen Gemütsverfassung leben, kann dies emotionale Probleme auslösen. Ärger und Wut beeinträchtigen zum Beispiel die Beziehung zu Familie, Freunden, Nachbarn, Mitarbeitern und selbst Fremden. Wenn wir das Streichholz des Zorns anzünden, kann es schnell zu einem lodernden, unkontrollierbaren Feuer werden. Wenn andere auf unseren Ärger selbst mit Negativität und Wut reagieren, werden wir verletzt und sind aufgebracht. Im Glauben, nichts falsch gemacht zu haben, können wir ihre Reaktion uns gegenüber nicht verstehen und wissen nicht, warum die Beziehung sich verschlechtert hat. Wir hätten einen ruhigen und friedlichen Weg finden können, das Problem aus der Welt zu schaffen. Stattdessen haben wir es eskalieren lassen, wodurch wir emotional verletzt wurden.

Wir sollten uns die Wirkung von Intoleranz, Vorurteilen und Bigotterie auf unsere emotionale und mentale Verfassung bewusst machen. Wir schätzen Menschen, die anders sind als wir, gering - sei es wegen ihres Aussehens, ihrer Handlungsweise oder ihrer Sprache. Vorurteile können dazu führen, dass wir uns gegenüber Menschen, die nicht so sind wie wir, negativ verhalten. Dies schafft Barrieren zwischen Menschen und zerrüttet Beziehungen. Unser Verstand ordnet diese Personen dann Klischees zu. Wir geraten in einen Kreislauf, in dem wir entweder Menschen meiden oder angreifen, weil sie anders sind. Im täglichen Umgang mit Menschen, die anders sind als wir, ist es schwierig, gelassen durch den Tag zu gehen, wenn Giftstoffe wie Vorurteile, Intoleranz und Bigotterie unsere Gedanken und Gefühle verunreinigen.

Denken wir an die Wirkung von Unwahrheit, Lügen, Täuschung und Heuchelei auf unsere mentale und emotionale Verfassung. Wenn wir versuchen, die Wahrheit in Worten oder Taten zu verheimlichen, oder wenn wir vorgeben, jemand zu sein, der wir nicht sind, so sind wir aufgrund von Angst, Furcht und sogar Panik voller Toxine. Warum?

Wir machen uns stets Sorgen, dass jemand die Wahrheit herausfinden könnte, die wir zu verdrängen versuchen. Wenn wir ständig eine Lüge aufrechterhalten wollen, hat uns die Angst, aufgedeckt zu werden, im Griff. Falls uns jemand auf die Schliche kommt, wird das Konsequenzen haben. Unsere Integrität und unser Ruf werden vielleicht zerstört. In Zukunft wird uns niemand vertrauen oder glauben. Selbst wenn wir in anderen Situationen die Wahrheit sagen, werden die Leute misstrauisch sein, weil sie schon einmal herausgefunden haben, dass wir nicht ehrlich waren. So geraten wir durch Angst, Furcht und Panik aus dem Gleichgewicht, wodurch wir ständig mental und emotional aufgewühlt sind.

Wenn wir uns um die Vergangenheit oder Zukunft sorgen, werden wir so von diesen Gedanken vereinnahmt, dass wir nicht mehr fähig sind, normal zu funktionieren. Wir können uns nicht auf unsere Arbeit, unsere Angehörigen oder unsere Gesundheit konzentrieren. Bei manchen führt dies zu einer Depression, und sie können ihr tägliches Leben nicht mehr normal bewältigen. Wenn wir uns so sehr davon einnehmen lassen, die Vergangenheit, die wir nicht ändern können, zu bedauern, oder wenn wir uns ausmalen, was in Zukunft geschehen oder nicht eintreten könnte, werden wir emotional aufgebracht. Es ist schwer, gelassen zu bleiben, wenn uns Toxine bestimmen, die durch Sorge verursacht wurden.

Wir können auch jeden anderen Giftstoff wie Gier, Ego, Neid, Eifersucht, Verhaftung, Habsucht, Egoismus oder Lust betrachten und emotionale sowie mentale Schmerzen auf seine Wirkung zurückführen.

Wenn wir gierig sind, hegen wir hinterhältige Gedanken, wie wir mehr bekommen oder wie wir von anderen noch mehr nehmen können. Unsere liebevollen Beziehungen zu anderen können beeinträchtigt werden, wenn wir sie als Versorgungsquelle für unsere Begehrlichkeiten ansehen - anstatt als Menschen, die wir lieben und schätzen sollten. Wenn unsere Gedanken, Worte und Taten von Ego bestimmt sind, versuchen wir ständig, uns über die anderen zu stellen. Dies kann unseren emotionalen Beziehungen zu anderen schaden, weil sie vielleicht verletzt sind, wenn wir sie als minderwertig behandeln. Solche zwischenmenschlichen Konflikte zerstören liebevolle Beziehungen und beeinträchtigen unsere mentale und emotionale Verfassung.

Wenn wir uns auf Kosten unserer Beziehungen an unseren Besitz klammern, so kann es zu Interaktionen kommen, die bei uns mentalen oder emotionalen Schmerz und Probleme auslösen. Wenn wir andere vereinnahmen wollen und unsere Mitmenschen so behandeln, als würden sie uns gehören, kann das zu Reaktionen führen, die Barrieren und Distanz zwischen Herzen schaffen.

Mentale und emotionale Vorteile durch das Entgiften des Geistes

Stellen wir uns vor, jeden Tag aufzuwachen, während die Sonne am blauen Himmel scheint, der leicht mit weißen Wolken überzogen ist. Die Farben des Himmels spiegeln sich friedlich in einem kristallklaren See wider. Duftende Gärten mit blühenden Blumen erfreuen das Auge. Sanfte Fontänen ergießen sich sprudelnd in Bächen, die durch den Garten fließen. Musik erklingt, die unser Herz erfreut. Freude erfüllt uns. Unsere Gedanken sind zur Ruhe gekommen. Glück und Liebe erfüllen unsere Seele. Das entspricht unserem natürlichen Zustand im mentalen und emotionalen Gleichgewicht.

Wir können in einem solch friedlichen Zustand leben, wenn wir unser Gemüt mit all seinen Gedanken und Gefühlen von Toxinen reinigen. Das bedeutet nicht, dass uns das Leben nicht vor Herausforderungen stellt. Diesen kann niemand entgehen. Doch wenn wir lernen, unser Gemüt zu entgiften, können wir mit ihnen so umgehen, dass wir uns gedanklich und emotional nicht aufregen. Uns ist vielleicht bewusst, dass wir ein Problem haben, doch lassen wir nicht zu, dass es uns aus dem emotionalen und mentalen Gleichgewicht bringt.

Wenn wir lernen, unser Gemüt von diesen Toxinen zu befreien, wird sich unser mentales oder emotionales Leid verringern. Dann sind wir auf dem Weg zu mentaler und emotionaler Stabilität und einem glücklichen Leben.

Übung: Welche mentalen und emotionalen Stressfaktoren aus diesem Kapitel beschäftigen dich? Betrachte jene, die dir am meisten Probleme bereiten. Falls dies auf mehrere zutrifft, erstelle eine Rangliste und schreib auf, was du konkret unternehmen willst, um dich mithilfe dieses Buches von ihnen zu befreien.

KAPITEL 5

Erfolg in den Bereichen Schule, Studium, Beruf, Karriere und Sport

Neben den körperlichen, mentalen und emotionalen Vorteilen kann das Reinigen unserer Gedanken und Emotionen unser äußeres Leben entscheidend verbessern. Es kann uns helfen, in Bereichen wie Schule, Studium, Karriere, Beruf und Sport erfolgreich zu sein.

Detox unserer Psyche beruht auf einer Stressreduktion. Studien zeigen die Auswirkungen von Stress auf das Gehirn. Zunächst zieht Stress unsere Aufmerksamkeit vom stärker kognitiven und logischen Bereich des Gehirns ab, den Frontal- oder Stirnlappen, die uns helfen, bestimmte Funktionen wie Planen oder Problemlösen auszuführen und rationale Entscheidungen zu treffen. Die Stirnlappen stellen jenen Teil des Gehirns dar, über den wir die besten Leistungen erbringen, wenn wir lernen und studieren, im Beruf arbeiten, Sport ausüben oder uns in kreativen Aufgaben engagieren.

Wenn Toxine unser Gemüt - unsere Gedanken und Emotionen - verunreinigen, leiden wir unter Stress und geraten in einen Zustand von

Angst, Furcht oder Panik. Das verlagert unsere Aufmerksamkeit vom stärker kognitiven Bereich des Gehirns zum Reptiliengehirn, einem Bereich, der eher reaktiv ist. Das Reptilienhirn ist jener Teil des Gehirns, der die Kampf-oder-Flucht-Reaktion auslöst. Wenn wir Angst haben und unser Körper sich dann darauf vorbereitet, zu kämpfen oder zu fliehen, aktivieren wir nicht den logischen, rationalen Teil des Gehirns, den wir zum Lernen, Arbeiten oder für unsere Hobbys brauchen. Stattdessen befinden wir uns in einem Modus, in dem wir uns bedroht fühlen und auf unser Überleben konzentriert sind.

Um in der Schule, bei der Arbeit, im Sport oder bei Hobbys gute Leistungen zu erbringen, wollen wir den Teil des Gehirns aktivieren, der Konzentration, Fokussierung, Planung und Logik ermöglicht. Dies hilft uns, in der Schule, beim Studium, im Beruf oder beim Sport gute Leistungen zu erzielen. Die Gedanken und Emotionen zu entgiften, hilft uns, im Bereich der optimalen Leistung zu bleiben. Es verhindert, dass wir in jenen Teil des Gehirns geraten, in dem wir nur ängstlich auf jede Bedrohung reagieren, der wir uns in unserer Wahrnehmung gegenübersehen. Bedrohen unsere Kinder tatsächlich unser Leben, wenn sie ihr Spielzeug überall in unserem Büro daheim herumliegen lassen? Ist es wirklich das Ende der Welt, wenn ein Kollege eine benutzte Kaffeetasse im Waschbecken des Büros stehen lässt?

Wenn wir zulassen, dass diese kleinen Unannehmlichkeiten des Lebens unsere Gemütsverfassung mit Ärger vergiften und Reaktionen auslösen, die unser Reptiliengehirn aktivieren, so hält uns dies davon ab, unsere Arbeit gut zu verrichten. Wenn wir unsere Gedanken und Emotionen reinigen, könnten wir immer ruhig bleiben und so bessere Leistungen in der Schule, an der Universität, im Beruf, im Sport oder bei unseren Hobbys erzielen.

Die Gehirnforschung bestätigt die Wirkung von innerer Ruhe und Ausgeglichenheit auf unsere Leistungen in der Schule, beim Studium, im Beruf oder Sport, aber wir werden es erst dann glauben, wenn wir das

Experiment selbst durchführen. Können wir uns an eine Zeit erinnern, in der wir lesen oder lernen wollten, aber innerlich aufgrund irgendeiner Situation von Angst erfüllt waren? Mussten wir uns deshalb abmühen, die Aufgabe zu erledigen oder den Test abzuschließen? Denken wir an eine Zeit in der Arbeit, in der es unsere volle Aufmerksamkeit erforderte, die uns zugewiesenen Aufgaben zu erfüllen. Fiel uns die Arbeit leicht, wenn wir von toxischen Gedanken geplagt waren? Oder waren wir dann eher abgelenkt und haben die Konzentration auf unsere Arbeit oder das Studium verloren? Mussten wir wegen unseres Stresszustandes aufgeben und versäumten den Abgabetermin? Dies sind einige Beispiele, die aufzeigen, wie wichtig Detox im mentalen Bereich ist.

Menschen, die Sport treiben, wird bewusst, was geschieht, wenn sie stressvollen Gedanken nachhängen. Golfspieler beispielsweise, die an etwas anderes denken oder sich über ihren letzten misslungenen Schlag ärgern, stellen vielleicht fest, dass sie im Augenblick des nächsten Schlags den Fokus verlieren und den aktuellen Schlag nicht gut ausführen. Zu einem erfolgreichen Golfschlag gehört, sich ohne ablenkende Gedanken völlig zu konzentrieren. Die Abläufe bei einem Golfschlag erfordern volle Konzentration. Wenn wir von den Toxinen unserer Gedanken und Emotionen überschwemmt sind, kann sich das störend auswirken. Dasselbe gilt, wenn man einen Baseball schlägt, einen Basketball in den Korb wirft, einen Fußball kickt, beim American Football den Ball wirft, Cricket spielt oder in irgendeinem anderen Sport oder Spiel eine gute Leistung erbringt.

Vorteile von mentalem und psychischem Detox für Schule, Studium, Beruf, Karriere oder Sport

Betrachten wir den Unterschied im schulischen und akademischen Kontext, den ein gutes Ergebnis bei einem Test oder eine gute Note in einem Kurs bewirkt. Schlecht abzuschneiden, führt oft dazu, dass man den Test oder die Aufgabe wiederholen muss, dass man erneut lernen oder einen Kurs bzw. ein Seminar noch einmal belegen muss. Bei guten Ergebnissen erhält man oft Belohnungen. Dies kann bedeuten, zu einer speziellen Weiterbildung zugelassen zu werden, in eine Hochschule oder Universität aufgenommen zu werden oder sogar ein Stipendium zu erhalten, das die Kosten der Ausbildung abdeckt. Es ist hart genug, für einen Test oder Kurs zu lernen. Wir können unsere Leistung verbessern, wenn wir nicht von Giftstoffen überschwemmt sind, die mentalen Stress verursachen und unsere Konzentrationsfähigkeit mindern. Wenn wir in der Schule, beim Studium und während Prüfungen innere Ruhe bewahren, liefern wir bessere Leistungen ab. Wenn wir im kognitiven Teil des Gehirns bleiben, haben wir schneller und effizienter Zugang zu den Informationen, die wir gelernt haben. Dies hält uns davon ab, in Negativität zu verfallen, wodurch wir den Reptilienteil des Gehirns aktivieren würden, in dem wir uns nicht auf unser Studium konzentrieren können. Unsere Gedanken zu entgiften, ist in vielfältiger Hinsicht nützlich, wenn man akademisch erfolgreich sein will.

In diesem Zeitalter der Technologie ändern sich unsere Berufe und Karrieremöglichkeiten ständig. Jeglicher Fortschritt bedingt, dass wir uns neue Fähigkeiten im Job aneignen. Während wir früher vielleicht unser ganzes Leben lang nur einen Beruf ausgeübt haben, erfordert die moderne Technologie möglicherweise, dass wir uns beruflich mehrfach im Leben verändern. Berufe, die wir ausgeübt haben, werden neu strukturiert oder überflüssig. Berufe, die es früher nicht gab, bieten neue Möglichkeiten. Berufliche Fortbildung ist ein neuer Bereich des Lebens. Somit müssen wir unsere Ausbildung auf unsere berufliche Laufbahn ausdehnen. Wir haben bis zum Schulabschluss vielleicht eine Reihe von Fähigkeiten erworben, aber wenn wir eine Stelle antreten, müssen wir eine weitere Ausbildung durchlaufen und uns weitere Fertigkeiten aneignen. Jeder, der mit Technologie zu tun hat, weiß, dass Computersoftware gerade dann, wenn wir sie beherrschen, ein Update erhält. Dann müssen wir die Neuerungen lernen, die mit dem aktualisierten Programm einhergehen. Aufgaben, die früher händisch ausgeführt wurden, sind heute computergesteuert und erfordern, dass wir mit dem Computer umzugehen lernen. Durch die Automatisierung werden Aufgaben, die früher von Menschen erledigt wurden, von Robotern oder Maschinen ausgeführt, die Softwareprogramme verwenden, die wir beherrschen müssen. Es geht um viel, weil unser Einkommen davon abhängt, dass wir uns auskennen und unsere Arbeit gut verrichten. Der Wettbewerb ist hart, und wir müssen mit den Anforderungen und Erwartungen Schritt halten, die uns auferlegt werden, einschließlich der Erfüllung von Quoten und dem Einhalten von Fristen. Uns von mentalen Toxinen zu reinigen, kann den Unterschied machen: Wir können einerseits unsere Arbeit behalten und befördert werden oder andererseits sogar aufgrund unserer schlechten Leistung unsere Arbeit verlieren. Wenn wir unsere Gedanken und Emotionen von Toxinen befreien, können wir uns besser auf unsere Arbeit konzentrieren. Wir können effektiver und produktiver sein. So stellen wir sicher, dass wir in unserem Beruf bzw. bei unserer Karriere gute Leistungen erbringen und viele Vorteile daraus ziehen können, beispielsweise finanziellen Erfolg, umfangreichere Aufgabenbereiche, Beförderungen und Arbeitszufriedenheit. Sind wir in der Lage, uns zu konzentrieren und beruflich gute Leistungen zu erbringen, so öffnen sich für uns neue Türen, wenn wir nach dem gewünschten Job suchen oder die erhoffte berufliche Laufbahn anstreben.

Sport und Hobbys spielen im modernen Leben eine große Rolle. In der Vergangenheit boten Schulen Pausen mit Bewegungsangeboten, Sportunterricht, Kunsterziehung und Musikunterricht an. Mit der Zeit wurden daraus Klubs und Sportmannschaften. Dort betätigt man sich nicht nur zum Spaß - die Anforderungen an Sportmannschaften und der Wettbewerb in Kunst und Musik sind groß geworden. Gewinnen wird oft mit Selbstwertgefühl in Verbindung gebracht oder damit, wie andere uns sehen. Gesteigerter Wettbewerb in professionellem Sport, Kunst und Musik hat sich in Hochschulen und allen Schularten bis hin zur Grundschule eingeschlichen. Intensive Trainingspläne und Wettbewerbe erfordern von den Teilnehmern, für sich selbst und ihr Team hervorragende Leistungen zu bringen. Deshalb muss man darauf achten, in seiner gewählten Freizeitbetätigung gut zu sein. Unsere Gedanken und Gefühle zu reinigen, hilft uns, uns besser auf unseren Sport oder unsere Hobbys, wie Musik oder Kunst, oder irgendetwas anderes zu konzentrieren. Manche Menschen sind stolz darauf, erfolgreich zu sein und ihr Bestes zu geben. Für andere bedeutet es, ein gutes Teammitglied zu sein, um einen Sieg zu erringen. Manche versuchen, ein Stipendium für eine Universität zu erlangen. Einige verlassen sich auf Sport, Kunst oder Musik, um Geld zu verdienen. Aus welchem Grund auch immer wir einen Sport oder ein Hobby betreiben, unser Gemüt dabei frei von Giftstoffen zu halten, kann dazu beitragen, erfolgreich zu sein.

Ob wir eine Schule oder Universität besuchen, ob wir in unserem Beruf oder an unserer Karriere arbeiten oder ob wir ein Hobby oder Sport betreiben, unsere Gedanken und Emotionen von Toxinen zu reinigen, bietet langfristig Vorteile, die uns Erfolg und Glück im Leben bringen.

Übung: **Erinnere dich an eine Zeit, in der du lernen wolltest, aber innerlich wegen irgendeiner Situation von Angst erfüllt warst. Oder denke an eine Zeit, als deine Arbeit deine volle Aufmerksamkeit erforderte. Konntest du dich auf die Arbeit konzentrieren, wenn du dabei toxischen Gedanken nachhingst, oder musstest du feststellen, dass du abgelenkt warst? Konntest du dich nicht mehr ganz auf deine Tätigkeit konzentrieren? Hast du Fehler gemacht oder die Aufgabe nicht rechtzeitig erledigt? Erinnere dich an eine Zeit, in der du beim Sport oder einer Freizeitaktivität von toxischen Gedanken abgelenkt warst und diese deinen Erfolg beeinträchtigten. Notiere, wie viel besser du in der Schule, beim Studium, im Beruf, in einem Sport oder bei einem Hobby hättest sein können, wenn dein Gemüt nicht von mentalen Toxinen erfüllt gewesen wäre.**

KAPITEL 6

Verbessere deine Beziehungen

Wie eng unsere Beziehungen zu Familie, Freunden, geliebten Menschen, Kollegen oder Nachbarn auch sind, es wird immer zu Unstimmigkeiten kommen. Es gibt keine zwei Menschen, die gleich denken. Letztlich wird es sogar in den engsten Beziehungen immer zu Meinungsverschiedenheiten, Unstimmigkeiten und Streit kommen. Manchmal überwinden wir sie und verstehen uns wieder gut. In anderen Fällen kommen wir mit der Situation nicht zurecht, die Beziehungen kühlen ab oder wir trennen uns sogar.

Der Schmerz, der aus einer Erfahrung entsteht, die uns eigentlich Nähe und Freude bringen sollte, kann unerträglich sein. Kummer, Verwirrung, Verzweiflung und Enttäuschung schwirren in unserem Kopf umher. Beziehungsprobleme sind so belastend, dass Menschen in tiefen emotionalen Schmerz oder Depression versinken können. Dies kann die Konzentrationsfähigkeit beim Studium oder bei der Arbeit nachteilig beeinflussen und dazu führen, dass wir unsere körperlichen

Bedürfnisse vernachlässigen. Unser Appetit, unser Interesse am Leben und unser physisches Wohlbefinden können beeinträchtigt sein.

Eltern können unter Problemen mit ihren Kindern leiden und umgekehrt. Wir gehen vielleicht durch Höhen und Tiefen in unseren Beziehungen mit Partnern, Ehepartnern oder anderen wichtigen Personen. Wir können Schwierigkeiten mit engen Familienmitgliedern und Verwandten haben. Freunde können miteinander Probleme haben. Manchmal sind Nachbarn verschiedener Meinung. Bei der Arbeit quälen wir uns vielleicht mit unseren Vorgesetzten, Kollegen oder Angestellten herum.

Welche Schwierigkeiten wir auch mit anderen haben, es spiegelt sich in unserer Psyche und unseren Gedanken wider und hat Auswirkungen auf unsere Gefühle. Einige Probleme sind leicht zu lösen, andere können länger andauern. Sie trüben den Frieden unseres Gemüts und unseres Herzens. Gibt es eine Möglichkeit, den Schmerz zu verhindern oder aufzulösen, der von Toxinen verursacht wird, die unsere Beziehungen beeinträchtigen?

Vorteile für unsere Beziehungen, wenn wir das Gemüt von Toxinen befreien

Haben wir körperliche Schmerzen, wie Kopf- oder Bauchschmerzen, können wir ein Schmerzmittel einnehmen. Gibt es auch etwas, das wir einnehmen können, wenn unser Herz aufgrund von Beziehungsproblemen schmerzt?

Probleme mit anderen sind oft das Ergebnis von Beziehungen, die durch mentale Toxine vergiftet sind. Es gibt viele Gründe, warum diese Giftstoffe uns angreifen. Unsere Nähe zu jemandem kann von Ärger, Gier, Eifersucht, Ego oder Selbstsucht beeinträchtigt sein. Diese Probleme sind nicht auf eine einzige Ursache zurückzuführen. Es gibt viele Gründe, weshalb eine Beziehung leidet. Manchmal verkomplizieren viele verschiedene Toxine die Angelegenheit. Der Schlüssel ist, unsere Gedanken und Gefühle von diesen Toxinen zu befreien, damit unsere

Beziehungen ruhig und positiv bleiben. Es gibt einen Weg, wie wir Probleme mit anderen, die unseren Frieden und unser Glück beeinträchtigen, reduzieren und ausmerzen können.

Wenn wir unsere Gedanken und Emotionen reinigen, können wir sicher sein, auf unserer Reise mit anderen auf dem Meer des Lebens ruhig dahinzusegeln. In jeder Beziehung kommen Probleme auf. Die Sichtweise zweier Menschen unterscheidet sich immer. Jeder hat eine andere Perspektive. Wenn wir unseren Intellekt und unsere Psyche von Toxinen befreien, können wir akzeptieren, dass andere Menschen die Dinge anders betrachten, und das wird viel von der Spannung zwischen zwei Menschen herausnehmen.

In jedem Haushalt wird es zwangsläufig zu Meinungsverschiedenheiten darüber kommen, wie viel Geld für die Bedürfnisse des täglichen Lebens ausgegeben werden soll. Häufige Fragen in einer Familie drehen sich um den Betrag, den man für Kleidung, Essen, Wohnungseinrichtung, die Ausbildung der Kinder oder den Urlaub auslegen soll. Wie geben wir das restliche Geld aus, nachdem die Rechnungen bezahlt sind? Sparen wir oder verwenden wir es für andere Dinge, die wir haben wollen? Wenn wir uns mit diesen Themen befassen, können sie ruhig diskutiert werden oder es kann sich zu einem Streit hochschaukeln. Meinungsverschiedenheiten führen oft zu unfreundlichen Worten, die den anderen verletzen. Wir zahlen es mit Worten heim und fügen dem anderen Schmerzen zu. Anstatt über das ursprüngliche Problem zu sprechen, werfen wir uns Beleidigungen an den Kopf oder weiten den Streit auf andere beliebige Bereiche aus. Wenn sich die Parteien wieder beruhigt haben, wissen sie nicht einmal mehr, worüber sie sich anfangs gestritten haben.

Ähnliches passiert im Büro oder am Arbeitsplatz. Kollegen oder Vorgesetzte und Arbeitende sind sich vielleicht nicht einig, wie eine Aufgabe am besten zu erledigen ist. Sie können das Für und Wider jeder Arbeitsweise ruhig diskutieren. Aber leider kann auch das in eine hitzige Diskussion ausarten. Anstatt das Thema aus allen Blickwinkeln zu betrachten, kann die Diskussion in ärgerliche Worte umschlagen. Ein Mitarbeiter findet dann Fehler und kritisiert den anderen. Um zurückzuschlagen, läuft man zum Chef und beschwert sich darüber, dass die andere Person einem das Leben schwer macht. Vielleicht versuchen die Betroffenen, die Stellung des jeweils anderen zu untergraben, was sogar dazu führen kann, dass einer seine Arbeit verliert.

Immer, wenn Menschen in irgendeiner Art von Beziehung zusammen sind, sei es im beruflichen oder sozialen Umfeld, gibt es zwangsläufig verschiedene Gesichtspunkte. Wenn man entscheiden möchte, wohin man am Abend ausgehen sollte, so wollen die einen ins Kino, andere hingegen in ein Restaurant oder zu einer Sportveranstaltung. Es kann eine freundliche Diskussion sein, um zu einer Entscheidung zu gelangen. Doch wenn wir uns nicht durchsetzen, bleiben wir vielleicht hartnäckig und zetteln einen schlimmen Streit an.

All diese Situationen belasten dann unsere Gemütsverfassung. Die Auswirkungen eines Streits bleiben für lange Zeit bestehen, nachdem die letzten Worte gesprochen wurden. Sie verweilen nicht nur in unseren Gedanken, sondern können unsere Gefühle und unser inneres Gleichgewicht beeinträchtigen. Je mehr wir darin schwelgen, desto eher wollen wir uns an denen rächen, die uns beschimpft haben. So geht es Tage, Wochen, Monate und manchmal Jahre weiter.

Wie können wir nun verhindern, dass Beziehungsprobleme unseren Gemütsfrieden und unseren spirituellen Fortschritt beeinträchtigen?

Hierzu gibt es eine Geschichte über einen Vater und eine Mutter, die mit ihren Kindern einen Ausflug unternahmen. Als sie durch einen Zoo gingen, interessierte sich jeder für etwas anderes und wollte einen unterschiedlichen Weg einschlagen. Sie vereinbarten, sich zu einem bestimmten Zeitpunkt an einem zentralen Platz zu treffen, wo eine große Statue eines bedeutenden Helden aus der Vergangenheit stand.

Die Eltern waren zuerst da. Der Vater kam aus einer Richtung, die Mutter aus einer anderen. Sie standen auf gegenüberliegenden Seiten der Statue und bewunderten sie.

Der Vater sagte: „Siehst du, wie der Schild dieses Ritters in der Sonne glänzt? Er muss aus reinem Gold sein."

Die Mutter erwiderte: „Was stimmt nicht mit dir? Dieser Schild ist nicht aus Gold, er ist aus Silber."

Der Vater meinte: „Wie kannst du anderer Meinung sein als ich? Mit dir stimmt etwas nicht!"

Die Mutter sagte: „Ich bin die Kluge in der Familie. Du musst dumm sein, wenn du denkst, dass es Gold ist. Du solltest deine Augen überprüfen lassen!"

Daraufhin beschimpfte der Vater seine Frau mit harten Worten. Sie wiederum zahlte es ihm mit zornigen Worten zurück. Schnell entstand zwischen ihnen ein heftiger Streit, wie schrecklich der jeweils andere war. Es ging hin und her.

Während des Streits kamen die Kinder an der Statue an.

Der Sohn fragte: „Worüber streitet ihr euch?"

Die Tochter sagte: „Wir konnten euch schon von weitem im Zoo streiten hören. Ihr stört den Frieden dieses Platzes. Was ist das Problem?"

Der Vater meinte: „Eure Mutter weiß nicht, wovon sie spricht. Sie denkt, der Schild sei aus Silber."

Die Mutter erwiderte: „Euer Vater ist so stur. Er will nicht zugeben, dass ich recht habe. Der Schild ist eindeutig aus Silber."

Die beiden fingen wieder an zu streiten. Der eine behauptete, der Schild sei aus Silber, der andere aus Gold.

Schließlich hatten die Kinder genug und sahen sich den Schild der Statue genau an.

Die Tochter sagte zu ihrer Mutter: „Komm herüber auf die Seite der Statue, wo Papa steht."

Der Sohn sagte zu seinem Vater: „Und komm du herum und stelle dich auf die Seite, wo Mama steht."

Vater und Mutter gingen auf die jeweils andere Seite.

Plötzlich ließen sie beide beschämt den Kopf hängen. Der Schild war auf der Seite der Mutter silbern und auf der Seite des Vaters golden.

Der Sohn sagte: „Seht ihr, Mama und Papa, ihr hattet beide recht."

Die Tochter fügte hinzu: „Ihr seid auf den entgegengesetzten Seiten der Statue gestanden; deshalb hattet ihr von eurer Seite aus recht mit dem, was ihr gesehen habt. Von eurem Blickwinkel aus hattet ihr beide recht. Aber ihr hattet beide unrecht, euch darüber zu streiten."

Die Weisheit der Kinder in dieser Geschichte ist ein gutes Beispiel dafür, wie leicht eine Beziehung durch Toxine zerstört wird, die unsere Gedanken und Emotionen beeinträchtigen. Zu ihnen zählt die Unfähigkeit, den Standpunkt eines anderen zu sehen. Wir sehen die Dinge in einer bestimmten Weise, aber andere haben einen anderen Blickwinkel. Dann versuchen wir, die andere Person zu überzeugen, dass wir recht haben und er oder sie unrecht.

Wenn wir unser Gemüt von Toxinen befreien können, wenn wir es mit Meinungsverschiedenheiten zu tun haben, so wäre das Ergebnis ganz anders. Anstatt darauf zu beharren, dass wir recht haben und die andere Person unrecht, können wir an die Geschichte denken, wonach die beiden Parteien etwas aus zwei verschiedenen Blickwinkeln sahen. Anstatt darüber zu streiten, ob er oder sie recht hatte und dass die andere Person nicht wusste, worüber er oder sie sprach, hätten sie sich einen Moment Zeit nehmen können, um die Situation aus dem Blickwinkel der anderen Person zu betrachten. Wenn die Mutter und der Vater um die Statue herumgegangen wären, um den Schild aus einer anderen Richtung zu betrachten, hätte jeder von ihnen entdeckt, dass sie beide recht hatten. Es war nur der Blickwinkel, aus dem sie die Statue betrachteten, der sich unterschied.

Die Kinder waren weise, als sie darauf hinwiesen, dass die Eltern beide mit dem recht hatten, was sie sahen, aber dass sie beide unrecht hatten, sich darüber so heftig zu streiten. Der Streit wurde so laut, dass er den Frieden des Zoos störte.

Genauso ist es bei uns. Wir sind so darauf fixiert zu beweisen, dass wir recht haben, dass wir unseren inneren Frieden verlieren. Es gelingt uns nicht, diesen inneren Frieden zu genießen, weil sich in unserem

Kopf heftige Argumentationen abspielen. Vielleicht denken wir negativ über andere, die andere Ansichten vertreten als wir. Oder wir streiten uns verbal mit jemandem. Manche werden sich sogar zu körperlicher Gewalt hinreißen lassen.

Was ist auf Dauer für uns wertvoller – dass wir beweisen, recht zu haben, oder dass wir Glückseligkeit und Freude im Inneren erfahren? Was haben wir davon, wenn wir nachweisen, dass wir recht haben und die anderen unrecht? Einen kurzzeitigen Sieg für unser Ego? Wenn wir aber lernen, Schwierigkeiten ruhig zu diskutieren, und uns die Zeit nehmen, den Standpunkt eines anderen zu verstehen, werden wir die Gewinner sein. Was wir gewinnen, sind harmonische Beziehungen.

Wenn wir uns mental und emotional weiterentwickeln, erlangen wir mehr Verständnis für andere. Wir haben nicht das Bedürfnis, uns intensiv zu streiten. Wir lernen eher, jede Situation ruhig zu diskutieren, um eine Lösung zu finden. Wir fällen nicht überstürzt ein Urteil, sondern nehmen uns die Zeit, die andere Person ganz anzuhören. Wir versuchen dann, in die Schuhe dieser Person zu schlüpfen, herumzugehen und ihre Seite der Situation zu sehen, um dann in angemessener Form den anderen Standpunkt zu gewichten. Wenn wir ein Problem von allen Seiten betrachten, kommen wir zu einer umfassenderen und besseren Lösung. Wir öffnen uns mental und emotional für andere Meinungen oder Blickwinkel. Dann wird die andere Person wahrscheinlich dasselbe tun und die Dinge aus unserem Blickwinkel betrachten. Anschließend können sich beide zusammensetzen und ruhig und friedlich die beste Lösung finden.

Die Lehre aus dieser Geschichte ist, dass wir anfangen können, eine Situation von allen Seiten zu betrachten. Auf diese Weise können wir ruhig und gesammelt bleiben und einen kühlen Kopf bewahren. Wenn wir einen Schritt zurücktreten, können wir viele Blickwinkel finden, aus denen eine bestimmte Situation betrachtet werden kann. So lernen wir, die vielen Herausforderungen unserer Beziehungen zu meistern und gelassen zu bleiben.

Liebe und eine gewisse Süße erfüllen unsere Beziehungen, wenn wir lernen, wie wir unser Gemüt mit all seinen Gedanken und Emotionen entgiften können. Wenn wir Techniken, mit Meinungsverschiedenheiten und Streit umzugehen, erlernen, können wir Lösungen finden und so unsere liebevolle Nähe aufrechterhalten. Wenn wir unser Gemüt von Toxinen befreien, können wir Kummer und Schmerz in unseren Beziehungen vermeiden und stattdessen unser Leben mit Liebe und Freundlichkeit bereichern.

Übung: Denke über Beziehungsprobleme nach, die du vielleicht mit Familienmitgliedern, Ehepartnern, Partnern, lieben Menschen, Kollegen, Freunden und Nachbarn hattest. Erinnere dich an den Kummer und den Herzschmerz, unter denen du deshalb gelitten hast. Wie hätte dein Leben sonst ausgesehen, wenn du eine Möglichkeit gehabt hättest, die Probleme zu verhindern oder zu überwinden und stattdessen eine gute Beziehung aufrechtzuerhalten? Denke über Beziehungsprobleme nach, die du vielleicht gerade hast, und überlege, um wieviel glücklicher und friedvoller dein Leben wäre, wenn du eine Technik oder Strategie zur Verfügung hättest, um mit ihnen auf positive Art umzugehen.

KAPITEL 7

In Frieden und Freude leben

Unsere Gedanken und Gefühle von Toxinen zu reinigen, kann unsere physische, mentale und emotionale Gesundheit verbessern. Es kann uns helfen, uns zu konzentrieren sowie effizienter, produktiver und erfolgreicher beim Studium, in unserer beruflichen Laufbahn, bei der Arbeit, bei Hobbys und im Sport zu sein. Ein bedeutender Vorteil davon, dass wir uns mental und emotional von Giftstoffen befreien, liegt darin, ein friedliches Leben zu führen.

Wenn wir das Ziel unserer Bemühungen um körperliche, mentale oder psychische Gesundheit auf den Punkt bringen, so möchten die meisten Menschen glücklich sein. Wir fühlen uns gut, wenn wir gesund und frei von mentalen und emotionalen Problemen sind. Wir sind zufrieden, wenn wir beim Studium, bei der Arbeit oder im sportlichen Bereich gute Leistungen erbringen. Erfolg macht uns glücklich. Im Herzen sehnen sich die meisten Menschen danach, Freude zu empfinden.

Eine Abkürzung zum Glück besteht darin, die Toxine aus unseren Gedanken und Gefühlen zu entfernen. Wenn wir uns mental und emotional von Giftstoffen befreien, kehren wir in unseren natürlichen Zustand des Friedens und der Freude zurück. Unser ursprünglicher Zustand gleicht dem eines ruhigen Teichs ohne Wellen, der die Schönheit unserer natürlichen Umgebung widerspiegelt.

Wenn wir an Momente denken, in denen wir im Urlaub auf einen stillen See, einen klaren, blauen Himmel oder eine Wiese mit bunten Blumen blickten, waren wir vielleicht mit dem Frieden in uns verbunden – unserem wahren Wesen. Vielleicht erlebten wir diese ruhigen Augenblicke, wenn wir einen majestätischen Berg betrachteten. Oder das Rauschen von Meereswellen auf einem wunderschönen Sandstrand brachte uns Frieden. Möglicherweise erinnern wir uns an eine Zeit und einen Ort, wo wir spürten, dass alle Probleme der Welt sich auflösten. In solchen Augenblicken fühlten wir uns im Einklang mit unserer inneren Natur und dem Universum. Freude kam vielleicht aus unserem Herzen. Zufriedenheit und Frieden mit der Welt umgaben uns. Solche Momente geben uns einen Einblick in das Wesen unseres wahren Selbstes. In unserem Innersten befindet sich ein stilles Zentrum, das vor Freude überquillt. Der einzige Grund, warum wir uns dessen nicht bewusst sind, liegt darin, dass uns Schichten verschiedener Toxine bedecken, die uns mental und emotional verschmutzen.

Betrachten wir, was beim Fliegen passiert. Wenn das Flugzeug auf die Startbahn rollt, umgeben uns vielleicht Nebel, Wolken und ein dunkler, bedrohlich aussehender Himmel, der kurz vor dem Ausbruch eines Sturms steht. Wenn das Flugzeug jedoch startet und eine Höhe über den Wolken erreicht, erheben wir uns in einen blauen Himmel und sehen den Sonnenschein. Wir blicken hinunter auf die Oberseite der wogenden Wolken. Dasselbe geschieht, wenn wir die Gedanken und Gefühle reinigen. Wir steigen von den dunklen Wolken stürmischer Gedanken zu einem klaren, friedvollen Himmel auf.

Wenn wir uns angewöhnen, uns ständig von Toxinen zu reinigen, können wir den Stürmen des Lebens mit Ruhe begegnen. Wir können im Auge eines Hurrikans leben, wo stürmische Winde alles um uns herum bedrohen, aber wir bleiben beschützt und sicher in seinem ruhigen Zentrum. Ob wir uns finanziellen, beruflichen, gesundheitlichen oder Beziehungsproblemen gegenübersehen, wir sind in der Lage, ihnen mit Standhaftigkeit und Stärke zu begegnen. Wenn wir das tun, verursachen wir keinen neuen Stress, der zu physischen, mentalen oder emotionalen Gesundheitsproblemen führt. Wir sind noch immer in der Lage, bei unserem Studium, unserer Ausbildung oder unserer Arbeit zu funktionieren. Wir können in unserem Zentrum ruhig bleiben, ganz gleich, was um uns herum geschieht.

Das Leben ist voller Probleme. Es gab schon immer Schwierigkeiten, und es wird stets Herausforderungen geben. Das steht für alle Menschen fest. Es geht darum, wie wir damit umgehen, und das macht den Unterschied zwischen jemandem aus, der positiv und glücklich bleiben kann, und jemandem, der der Traurigkeit erliegt. Wir spüren zwar die Sorgen des Lebens, aber das stört unsere innere Gelassenheit nicht.

Dies lässt sich anhand einer Geschichte veranschaulichen. Ein Vater führte einige Reparaturen an seinem Haus durch. Sein kleiner Sohn beobachtete ihn dabei. Der Junge interessierte sich immer mehr dafür und so wollte er lernen, die Zimmermannsarbeiten zusammen mit seinem Vater zu verrichten.

Der Vater zeigte ihm, wie man Holz vermisst und schneidet. Er brachte ihm bei, wie man alte Stücke entfernt und durch neue ersetzt. Lange Zeit arbeiteten sie hart.

Dann zeigte der Vater seinem Sohn, wie man mit einem Hammer einen Nagel ins Holz schlägt. Eine Weile setzten sie Holzteile zusammen und schlugen die Nägel ins Holz. Dann wurden sie müde. Als der Junge den Hammer hob, um einen weiteren Nagel einzuschlagen, war er nicht achtsam. Er verfehlte den Nagel und traf seinen eigenen Finger so heftig, dass er aufschrie. Der Junge rannte ins Haus, um Eis zu holen. Der Vater schaute auf und sah, was geschehen war.

Als er bemerkte, dass niemand im Haus war, um für den Jungen Eis zu holen, sprang er auf und lief hinein, um seinem Sohn zu helfen. Der Junge schrie, denn er hatte große Schmerzen.

Der Vater holte Eis, aber der Junge hatte zu große Schmerzen, um sich zu beruhigen und den Vater das Eis auflegen zu lassen. Der Junge dachte, das es schmerzhaft wäre, kaltes Eis auf eine Wunde zu legen und wehrte sich.

Der Vater wusste nicht, was er tun konnte, um seinem Sohn zu helfen. Plötzlich hatte er eine Idee. Er nahm eine Schüssel, füllte sie mit Wasser und legte das Eis in die Schüssel, um das Wasser zu kühlen. Der Junge weigerte sich immer noch, seine Hand in das eiskalte Wasser zu legen.

Schließlich sagte der Vater: "Legst du deine Hand in die Schüssel, wenn ich meine auch hineinlege?" Der Mann nahm die Hand des Jungen, und zusammen tauchten sie ihre Hände ins Wasser. Das beruhigte den Jungen. Als sie nebeneinandersaßen und beide ihre Hände im Wasser hatten, kam der Junge zur Ruhe.

Alle paar Minuten nahmen sie ihre Hände aus dem Wasser, damit das Gefühl in ihre Hände zurückkommen konnte, und dann tauchten sie sie wieder ein. Das machten sie einige Minuten lang, bis der Junge sich allmählich besser fühlte.

Der Junge drehte sich zu seinem Vater um und sagte: „Ich bin froh, dass du bei mir bist."

Die Geschichte veranschaulicht, dass der Junge eine schmerzhafte Erfahrung machen musste, doch die beruhigende Gegenwart seines Vaters tröstete ihn. Der Schmerz mag da sein, aber der Trost und der Friede des Schutzes verringern das Leid. Auch wir können Trost aus dem Frieden in uns ziehen, selbst wenn wir uns den Herausforderungen des Lebens stellen müssen.

Wenn wir uns von den mentalen und emotionalen Giftstoffen befreien könnten, wäre unser Leben von Glück, Frieden und Freude erfüllt.

Übung: Erinnere dich an Zeiten in deinem Leben, als du Frieden und Freude erfahren hast. Gab es einen besonderen Ort, der dich in diesen Zustand versetzt hat? Hattest du ein Erlebnis, das dich in diese glückliche Gemütsverfassung brachte? Stell dir vor, du könntest immer, wenn du wolltest, in diesem Zustand sein. Denk darüber nach, wie das Eintauchen in diesen Zustand der Freude und Ruhe dich von Stress und Schmerz fernhalten würde, die die Herausforderungen des Lebens mit sich bringen. Such dir eine Situation in deinem Leben aus, bei der die Gefahr besteht, dass dich mentale Toxine herunterziehen. Lenke stattdessen deine Aufmerksamkeit auf jenen Zustand des Glücks, an den du dich erinnerst. Beobachte, wie es dir hilft, mit deinen Schwierigkeiten im Leben zurechtzukommen, denn dadurch vermeidest du, von mentalen Giftstoffen beeinflusst zu werden, die deinen natürlichen Zustand des Glücks beeinträchtigen.

KAPITEL 8

Die Wunder der spirituellen Gesundheit

Unsere Gedanken und Gefühle von Toxinen zu befreien, nutzt uns besonders im Bereich der spirituellen Gesundheit. Auf der Suche nach Glück in dieser Welt erkennt jeder Mensch irgendwann im Leben, dass alle materiellen Dinge dieser Welt nicht von Dauer sind. Solange wir mit den alltäglichen Aufgaben beschäftigt sind, nimmt uns die äußere Welt ganz in Anspruch. Wir kümmern uns um Körper, Familie, Haus, Besitz und gehen zur Schule oder zur Arbeit, um unser Leben zu finanzieren. Neben unseren Aktivitäten zum Abdecken der Grundbedürfnisse suchen wir Glück und Freude in einer Vielzahl von Freizeitbeschäftigungen - physisch, mental oder emotional. Doch immer dann, wenn wir mit Herausforderungen konfrontiert werden, stellen wir uns die Frage, ob wir angesichts der Möglichkeit, alles zu verlieren, worauf wir unser Glück bauen, wirklich glücklich sein können.

Wenn wir Gesundheit, Geld, Besitz oder geliebte Menschen verlieren, erleiden wir großen Kummer und Schmerz. Wir erkennen, dass nichts in dieser Welt Bestand hat. Alles, was aus Materie besteht, verfällt, einschließlich unseres eigenen Körpers. In dem Augenblick, in dem wir verstehen, dass wir sterblich sind und unsere Lebenszeit begrenzt ist, beginnen wir vielleicht, Fragen nach dem Sinn unseres Lebens zu stellen. Warum sind wir hier? Existieren wir jenseits dieses physischen Lebens? Diese Bewusstwerdung wird oft als Augenblick unseres spirituellen Erwachens bezeichnet. Wir suchen dann nach einem Glück, das die Materie, die materielle Welt und die physische Existenz überdauert. Die Panik, die mit Verlust einhergeht, überschwemmt uns mit einem Meer von Traurigkeit. Sie untergräbt unsere Lebensfreude. Sie kann unsere Aufmerksamkeit so sehr in Anspruch nehmen, dass wir sogar mit unserer täglichen Existenz kämpfen.

Vorteile für unsere spirituelle Gesundheit durch mentale Reinigung

Wenn wir unsere Gedanken und Gefühle reinigen, finden wir ein Zentrum der Stille in uns. Was wir anzapfen, ist unsere wahre Natur, unsere spirituelle Essenz. Der Frieden, den wir innen spüren, entsteht nicht nur dadurch, dass wir keine äußeren Probleme haben. Das innere Glück ist der Zustand unserer Seele, die wir in Wirklichkeit sind.

Droht jemand im Meer zu ertrinken, befindet er sich vielleicht in aufgewühlter See. Wird aber eine Rettungsleine ins Wasser geworfen, kann er sicher aus dem tosenden Meer gezogen werden. Ebenso werden wir von allen Seiten durch die Stürme des Lebens gebeutelt. Wenn wir hingegen die innere Rettungsschnur ergreifen, sind wir sicher und in Frieden. In uns befindet sich ein Funken des Glücks, das unser wahres Wesen ist. Er ist immer da. Wenn wir Intellekt und Emotionen von Giftstoffen befreien, können wir in diesem stillen Zentrum Zuflucht finden, das uns mit andauerndem Glück und Frieden durchdringt.

Spirituelle Gesundheit bedeutet, in die Liebe und Freude einzutauchen, die in uns existieren. Unser Wesenskern besteht nicht aus Materie. Er ist ätherischer, transzendenter Geist, der unseren physischen Körper überdauert. Das ist unser unsterbliches Selbst, das jenseits dieses Körpers und sogar jenseits des physischen Universums existiert. Es war schon immer da und wird immer da sein. Wenn wir uns mit unseren inneren Wesenskern identifizieren, kommen wir mit der Unsterblichkeit in Verbindung. Dieses innere Selbst besteht ewig und ist reines Bewusstsein. Wenn wir unsere Gedanken und Gefühle reinigen und von den Toxinen befreien, die unsere Aufmerksamkeit verschmutzen, finden wir das stille und ruhige Zentrum der Freude.

Tauchen wir in unser spirituelles Zentrum ein, erhalten wir einen neuen Blick auf das Leben. Wir können mit den Problemen des Lebens ruhiger und ausgeglichener umgehen. Vielleicht stoßen wir noch auf Probleme, aber wir haben einen Rückzugsort in uns, der uns jederzeit, wenn wir nur wollen, mit Ruhe erfüllt. Es ist so, als ob wir einen Wellnessbereich in uns hätten, in dem wir uns entspannen und überall Freude finden können. Es kostet uns nichts, diesen Bereich zu besuchen. Wir können hineingehen, ganz gleich, ob wir zuhause oder unterwegs sind. Wir können in das Wasser dieses Erholungsbereichs zu jeder Tageszeit und solange wir wollen eintauchen. Er ist sieben Tage die Woche 24 Stunden lang geöffnet und schließt nie. Wenn wir darin eintauchen, stärken wir unsere spirituelle Gesundheit. Spirituelle Gesundheit führt auch zu andauernder spiritueller Liebe. Wir erhalten diese Liebe, wenn wir uns mental und emotional von Giftstoffen befreien.

Übung: **Gehe in Gedanken dein Leben durch und notiere dir, wann es Momente gab, in denen du dich nach dem Sinn des Lebens gefragt hast, warum du hier bist und ob es etwas jenseits dieses physischen Lebens gibt. Wenn es solche Augenblicke gab, dann erinnere dich an eine Zeit, in der deine Sehnsucht, Antworten auf diese Geheimnisse zu finden, besonders intensiv war. Stell dir nun einen Teich in dir selbst vor, in den du eintauchen kannst, um die Antworten zu erfahren. Wenn dir in Aussicht gestellt würde, dass du die Antworten bekommst,** falls du dich von mentalen Toxinen befreist, wärst du dann bereit zu lernen, welche Schritte dafür nötig sind?

KAPITEL 9

Spirituelle Erleuchtung erlangen

Unsere spirituelle Gesundheit zu stärken, hat viele Vorteile. In einem inneren Quell des Friedens und der Ruhe zu baden, kann uns helfen, mit den Schwierigkeiten des Lebens umzugehen. Uns erwarten jedoch noch wundervollere Geschenke, wenn wir uns nach innen wenden.

Wenn wir einen Wellnessbereich besuchen und unsere Füße in ein warmes Becken tauchen, so sind es nur die Füße, die das wohltuende Wasser spüren. Würden wir ganz eintauchen, könnte unser gesamter Körper die Entspannung durch das Wasser, das uns umspült, erleben. Auf ähnliche Weise kommen wir erst dann mental zur Ruhe, wenn wir die mentalen Giftstoffe loswerden. Wenn wir aber immer mehr in einen Zustand eintauchen, in dem unsere Gedanken und Emotionen frei von Toxinen sind, wird unser ganzes Wesen Glückseligkeit erfahren. Konzentrieren wir uns völlig nach innen, können wir spirituelle Erleuchtung erlangen.

Sind wir von mentalen Giften vereinnahmt, hindert uns dies daran, spirituelles Bewusstsein zu erreichen. Betrachten wir zum Beispiel die Auswirkungen der Umweltverschmutzung auf der Welt. Giftige Abfälle verunreinigen unsere Flüsse, Seen und Ozeane. Unsere Luft wird auf der ganzen Welt durch Emissionen von Fahrzeugen, giftigen Abgasen von Fabriken und Waldbränden verschmutzt. Nur wenige trauen sich, verschmutztes Wasser zu trinken. Wir kennen vielleicht körperliche Beschwerden beim Atmen aufgrund von Asthma, Allergien oder brennende Augen durch Luftverschmutzung. So wie äußere Verschmutzung uns davon abhält, sauberes Wasser zu trinken und frische Luft einzuatmen, so verunreinigen uns mentale Giftstoffe, die uns daran hindern, uns an den wundervollen spirituellen Schätzen im Inneren zu erfreuen.

Vorteile mentaler Reinigung für die spirituelle Gesundheit

Ströme höheren Bewusstseins in Form von innerem Licht und Klang fließen beständig in uns. Eine kurze Begegnung mit unserem Zentrum der Stille ist der Beginn einer Reise auf diesem Strom des Lichts und Klangs, der zu erstaunlichen inneren Entdeckungen führt. Wenn wir uns auf diesem inneren Strom in höhere Bewusstseinszustände erheben, werden wir von spiritueller Liebe und Ekstase erfüllt. Wir tauchen ein in die unsterbliche Seite unseres Selbstes, das nicht durch die Beschränkungen dieser physischen Welt begrenzt ist.

Wenn die Wellen im Becken abebben, können wir in die Ewigkeit blicken. Spirituelles Licht erstrahlt und göttliche Musik erklingt. Dies ist mehr als nur eine Erfahrung mit unseren äußeren Augen und Ohren. Dort gibt es ein inneres Licht und einen inneren Klang, die von Bewusstsein, erhebender Liebe sowie unendlichem Glück und Freude durchdrungen sind. Wenn wir in diese Erfahrung eintauchen, wird unser ganzes Wesen in Zustände der Ekstase erhoben. Je mehr wir uns in Licht und Klang vertiefen, desto mehr erheben wir uns in Bereiche der Schönheit und Glückseligkeit, die über unsere Erlebnisse in diesem physischen Universum hinausgehen. Diese Bereiche sind voller Farben und Musik, die jene dieser Welt übertreffen. Wir erkennen, dass unser Dasein mehr umfasst als unseren Körper, unseren Gemütszustand und diese physische Welt. Wir identifizieren uns mit unserem inneren Selbst, unserer Seele. Die Seele selbst ist erfüllt von Bewusstsein, Licht, göttlicher Musik, Liebe und Glückseligkeit.

Was würde es für unser Leben bedeuten, wenn wir eine innere Quelle des Friedens, der Liebe und Glückseligkeit hätten, in die wir jederzeit eintauchen können, wenn wir möchten? Jedes Mal, wenn wir sie nutzen, könnte sich unser Bewusstsein erheben und in Weisheit, Verbundenheit und Unsterblichkeit eintauchen.

Übung: Denke darüber nach, was es für dich bedeuten würde, innere Bereiche der Schönheit und Glückseligkeit selbst zu erleben. Stell dir dann vor, dass du jederzeit, wenn du möchtest, Zugang zu diesem inneren Schatz hättest. Würdest du lieber Zeit damit verbringen, in den mentalen Giftstoffen zu ertrinken, auf die du dich aus Gewohnheit konzentrierst, oder würdest du lieber in einem ewigen Ozean beständigen Friedens und anhaltender Freude baden? Wenn du wüsstest, wie du die Verschmutzung deiner Gedanken und Emotionen beseitigen könntest, um die Wunder deines natürlichen inneren Zustandes zu erfahren, dann überlege, ob du diese Methode nutzen würdest.

TEIL 3

Persönlicher Plan, um den Geist zu entgiften

KAPITEL 10

Plan zur persönlichen Weiterentwicklung: Meditationsanleitung

In Teil 1 dieses Buches wurde beschrieben, dass Reinigung nicht ausschließlich das Ausscheiden körperlicher Toxine betrifft, die uns daran hindern, bei guter Gesundheit zu sein. Darüber hinaus führt das Entgiften von Gedanken und Emotionen zu einem Leben des Friedens und der Freude. Eine Reihe mentaler Giftstoffe wurde aufgeführt, um uns auf jene aufmerksam zu machen, die wir loswerden wollen, um glücklicher leben zu können.

In Teil 2 werden die vielfältigen Vorteile dargestellt, die wir erhalten können, wenn wir uns mental und emotional reinigen. Unsere Gedanken und Gefühle von Toxinen rein zu halten, kann unsere physische, mentale und emotionale Gesundheit stärken. Dies hilft uns ebenso, unsere Beziehungen zu verbessern sowie in Studium, Beruf, Karriere und Sport erfolgreich zu sein. Auch ist es hilfreich, um spirituelle Gesundheit und Erleuchtung zu erlangen.

Im 3. Teil erlernen wir eine einfache, effiziente Meditationsmethode, die Teil unseres Plans zur persönlichen Weiterentwicklung ist, uns von mentalen Toxinen zu befreien. Wir lernen verschiedene Kategorien von Toxinen näher kennen, die uns belasten, und werden an praktische Strategien und Methoden herangeführt, wie wir mentale Giftstoffe loswerden können, um ein glückliches und friedliches Leben zu führen. Die Übungen können uns helfen, darüber nachzudenken, wie sich Verunreinigungen bisher auf unser Leben ausgewirkt haben. Auch beschäftigen wir uns dabei aktiv damit, sie zu verringern. Notiere im Verlauf dieses Kapitels, welche Toxine dich daran hindern, glücklich und friedlich zu leben. Wähle dann die Strategien und Übungen aus, mit denen du versuchst, diese Giftstoffe zu beseitigen.

Meditation als sichere und natürliche Methode, mentale Toxine zu beseitigen

Die Technik der Meditation ist sicher und natürlich. Sie kann jederzeit und an jedem Ort ausgeführt werden. Meditation steht jede Woche 24 Stunden am Tag zur Verfügung, da Licht und Klang in jedem Menschen fließen.

Die Übung beinhaltet, in bequemer Haltung still zu sitzen, die Augen zu schließen und die Aufmerksamkeit nach innen zu richten. Dafür muss man keine schwierigen Körperhaltungen oder Positionen einnehmen. Jeder kann meditieren, ob gesund oder gebrechlich, da dafür weder körperliche Stärke noch Beweglichkeit erforderlich sind. Wer aufgrund körperlicher Beschwerden nicht sitzen kann, kann im Liegen meditieren. Ohne einen körperlichen Grund wird Liegen jedoch nicht empfohlen, da man leicht einschläft und wir bei der Meditation wach sein sollten.

Meditation kann als Experiment ausgeführt werden, bei dem wir die Übung ausprobieren, um die Vorteile selbst zu sehen. Jeder Augenblick, den wir in innerem Licht und Klang baden, reinigt uns von mentalen Toxinen, die uns unglücklich machen. Wir kommen mit einem Gefühl der Freude aus der Meditation. Innere Berauschung erfüllt uns. Wenn wir uns mit dem inneren Licht und Klang in der Meditation verbinden, erreichen wir Zustände der Ekstase.

Die reinigende Wirkung der Meditation spült alle Toxine weg, die unsere Gedanken ablenken. In vorhergehenden Kapiteln haben wir alle Hindernisse betrachtet, die durch Toxine verursacht werden. Sie belasten unsere physische und mentale Gesundheit, unsere Leistung in unseren weltlichen Aufgaben und unsere Beziehungen mit anderen. Uns wurde bewusst, wie verheerend sich diese Giftstoffe auf uns auswirken. Durch die entgiftende positive Wirkung der Meditation auf inneres Licht und inneren Klang können wir Frieden finden.

Meditationstechnik: die SOS-Meditation auf inneres Licht und inneren Klang

Die SOS-Meditation auf inneres Licht und inneren Klang ist eine einfache Methode, die in die moderne Zeit passt. Wir können sie bequem zu Hause, am Arbeitsplatz in der Pause oder an jedem Ort unserer Wahl ausführen. Menschen jeden Hintergrunds, jeder Kultur oder Altersgruppe können sie praktizieren. Man kann die Übung zu einem Teil des eigenen Lebens machen, ohne sein Heim zu verlassen, um in einer Höhle, auf einem Berggipfel oder im Dschungel zu meditieren. Wir können Meditation in unseren persönlichen Lebensstil einbauen. In diesem wissenschaftlichen Zeitalter verlassen sich die Menschen nicht mehr länger auf blinden Glauben oder Hörensagen. Sie wollen eigene Erfahrungen machen und mit ihren eigenen Augen sehen. Daher kann Meditation auf inneres Licht und inneren Klang als Wissenschaft ausgeführt werden, bei der man eine Hypothese überprüft, um Ergebnisse zu erfahren.

Wenn wir die Hypothese der Meditation auf inneres Licht und inneren Klang überprüfen, können wir daraus tiefgreifenden Nutzen ziehen. Niemand könnte uns davon überzeugen, welche Erfahrungen wir durch Meditation erzielen, wenn wir sie nicht selbst ausüben. Aus diesem

Grund ist es so wichtig, das Experiment im Labor unseres eigenen Körpers durchzuführen und zu prüfen, ob Meditation wirklich dazu führt, dass wir mentale Toxine loswerden und dauerhaften Frieden und anhaltendes Glück erreichen.

Anleitung zur einführenden SOS-Lichtmeditation

Die SOS-Meditation auf inneres Licht und inneren Klang führt zu einer persönlichen Erfahrung der wunderbaren Schätze in uns. Zu Beginn können wir die einführende SOS-Meditationstechnik selbst ausprobieren und so den Vorgang beginnen, uns von mentalen Toxinen zu befreien, um Frieden und Freude zu erreichen.

Bei der SOS-Meditation nehmen wir eine bequeme Sitzhaltung ein, die uns am angenehmsten ist und in der wir am längsten stillsitzen können. Während der Meditation halten wir uns weder an den Händen, noch berühren wir jemanden, da jede Bewegung unsere Aufmerksamkeit zurück nach unten in den Körper lenkt. Dies würde uns davon ablenken, uns am Sitz der Seele zu konzentrieren, der sich zwischen und hinter den beiden Augenbrauen befindet.

Wir schließen die Augen sanft, wie wenn wir schlafen gehen, bleiben jedoch hellwach. Die Augen zu schließen verhindert, dass uns äußere Eindrücke der physischen Welt ablenken. Mit geschlossenen Augen sammeln wir unsere Aufmerksamkeit vor uns. Dabei üben wir keinen Druck auf unsere Augen aus. Auch richten wir unsere Augen nicht nach oben, wo die Augenbrauen sind, weil dies Druck auf Augen und Stirn verursachen würde, was zu Kopfschmerzen führen kann. Stattdessen konzentrieren wir unseren Blick sanft und beständig vor uns, während wir in die Mitte dessen schauen, was innen erscheint. Wir halten unseren Fokus geradeaus gerichtet und konzentrieren uns mit geschlossenen Augen etwa 20 – 25 cm vor uns.

Wir schauen liebevoll in die Mitte dessen, was sich vor uns zeigt. Zunächst sehen wir vielleicht Dunkelheit oder Licht, z. B. Lichtblitze,

Lichtpunkte, Lichtstrahlen, Lichtkreise oder Licht in jeglichen Farben wie Rot, Orange, Gelb, Blau, Grün, Lila, Violett, Weiß oder Golden. Wir sollten weiter in die Mitte dessen blicken, was auftaucht. Vielleicht sehen wir innere Ausblicke wie einen inneren Himmel, Wolken, Sterne, einen Mond oder eine Sonne.

Während wir in die Mitte dessen schauen, was erscheint, merken wir vielleicht, dass Gedanken in uns aufsteigen, die unseren inneren Blick stören. Wir erleben möglicherweise, dass wir unsere Gedanken nicht zur Ruhe bringen können, um die Meditation fortzusetzen. Um zu vermeiden, dass uns Gedanken ablenken, ist es hilfreich, wenn wir irgendein Wort, das uns Frieden schenkt, still in Gedanken wiederholen. Diese Wiederholung sollte mental fortgesetzt werden, ohne zu sprechen, während wir weiter schauen. Wenn wir uns in die Mitte des Lichts vertiefen, können wir an den inneren spirituellen Schätzen teilhaben. Wir erfreuen uns dann an tiefem Frieden, durchdringender Glückseligkeit und Freude, die über unsere Erfahrungen in dieser Welt hinausgehen. Göttliche Liebe durchströmt und erfüllt uns. Die Schönheit der Meditation besteht darin, dass uns diese Freude bleibt, selbst wenn wir wieder unseren täglichen Aktivitäten nachgehen.

Übung: Du kannst diese SOS-Meditationstechnik zu Hause ausprobieren und beobachten, wie sie sich auf dich auswirkt. Merkst du physiologische Veränderungen, wie langsameres Atmen und verlangsamten Herzschlag? Fühlst du dich ruhiger? Hat sich der körperliche, mentale oder emotionale Stress verringert? Spürst du Frieden und Freude? Beobachte die Auswirkungen, wenn du täglich einige Zeit lang meditierst.

KAPITEL 11

Frieden durch Gewaltlosigkeit

Eine Gruppe von Toxinen, die unsere Gemütsverfassung beeinträchtigt, entsteht aus Gewalt. Ärger und Hass sind die Hauptursachen von Gewalt. Wenn wir unter Gedanken der Wut und des Hasses leiden, beeinflusst dies unsere Worte und Handlungen. Ärger und Hass führen zu gewaltvollen Gedanken, verletzender Kritik, Intoleranz, Bigotterie und Vorurteilen.

Wenn wir uns selbst von den Giften des Ärgers und Hasses in Gedanken reinigen, können wir die Heftigkeit unserer Worte und Handlungen verringern und beseitigen.

In diesem Kapitel untersuchen wir die einzelnen Toxine, die mit Ärger und Hass in Verbindung stehen, und wie sie uns beeinträchtigen. Wir können herausfinden, welche davon wir aus unserem Leben verbannen wollen. Außerdem bietet das Kapitel Lösungen an, um Gedanken und Emotionen von Ärger und Hass zu entgiften.

Ärger

Ärger entsteht, wenn
- wir nicht bekommen, was wir wollen, weil uns jemand oder etwas blockiert,
- wir nicht mögen, was uns widerfährt, oder
- sich die Dinge nicht so entwickeln, wie wir es erwartet haben.

Der Ärger kann sich gegen Menschen, leblose Objekte, die Natur, das Leben oder uns selbst richten. Manchmal werden wir beispielsweise wütend auf Gegenstände, die kaputtgehen oder nicht richtig funktionieren. Schlechtes Wetter, das unsere Pläne durchkreuzt, kann uns frustrieren. Wir können über das Leben verärgert sein, weil wir körperliche Beschwerden ertragen müssen. Meistens entsteht Ärger, weil andere Menschen uns nicht geben, was wir wollen, weil sie uns nicht zustimmen oder uns Probleme bereiten. Es gibt Zeiten, in denen wir uns über eine Person ärgern, es aber nicht ausdrücken können und unseren Ärger an einer unschuldigen Person auslassen.

Wenn Toxine des Ärgers und Hasses überhandnehmen, greifen manche Menschen zu gewaltsamen Gedanken. Sie denken daran, andere zu verletzen. Das ist gefährlich, weil der nächste Schritt zu gewaltvollen Worten führen kann. Ein weiterer Schritt kann Gewalttätigkeit zur Folge haben. Wenn wir anderen Schaden wünschen, bewegen wir uns auf gefährlichem Boden. Dieser riskante Schritt ist die Vorstufe zu gewaltvollen Worten oder Taten. Wir haben die tragische Wirkung von Gewalt in der Geschichte gesehen.

Was passiert, wenn wir uns ärgern? Der Ärger löst Reaktionen in uns aus, die unsere Gemütsverfassung und unseren Körper beeinträchtigen. Unsere Psyche sendet Signale an den Körper, um die Hormone für Kampf oder Flucht zu aktivieren. Wenn wir mit einer lebensbedrohlichen Gefahr konfrontiert sind, werden Hormone wie Adrenalin und Cortisol ausgeschüttet, die uns die Energie geben, um entweder vor einem Angreifer zu fliehen oder zu kämpfen. Zirkulieren diese Hormone, schlägt unser Herz schneller und die Muskeln spannen sich an, um uns für Flucht oder Kampf vorzubereiten. Dabei erhöht sich auch die Atemfrequenz. Wir mögen körperlich nicht aktiv werden, indem wir weglaufen oder zurückschlagen, aber psychisch erleben wir diesen Stress so, als ob wir versuchen würden, unseren „Feind" zu überwältigen oder vor ihm zu fliehen. Wir sind innerlich aufgewühlt und suchen Möglichkeiten, um zurückzuschlagen, indem wir etwa unsere Stimme erheben, verletzende Dinge sagen oder uns an der Person rächen.

Warum schüttet der Körper diese Hormone aus, wenn wir in unserem Leben doch gar keiner realen Gefahr gegenüberstehen? Der ursprüngliche Zweck dieser Hormone war, uns zu helfen zu überleben. So hilfreich sie sind, wenn man sich in einer wirklich lebensbedrohlichen Situation befindet, so können diese Hormone doch schädlich sein, wenn sie oft oder über einen längeren Zeitraum nur für geringere Bedrohungen ausgeschüttet werden. Im täglichen Leben fassen wir einfache Ereignisse als Bedrohung auf, wenn uns etwa jemand kritisiert oder uns nicht gibt, was wir für uns beanspruchen. Wir werden sogar wütend, wenn in unserem Haushalt jemand die Zahnpastatube offenlässt. Weil wir unseren Ärger nicht kontrollieren können, steigt Wut in uns auf. Und schon werden Adrenalin und Cortisol ausgeschüttet, um uns zu beschützen, als würde unser Leben davon abhängen. Wo ist unser Gemütsfrieden dann geblieben? Wir können nicht zur Ruhe kommen, solange wir die Person oder Situation, die uns Stress bereitet, nicht „besiegen".

Eines von drei Dingen kann passieren:
1) Wir reagieren gegenüber anderen und setzen einen Kreislauf in Gang, in dem sie wiederum auf uns reagieren. Dieser Kreislauf setzt sich dann fort. Oder:
2) Wir können die Angelegenheit nicht gelassen betrachten und fallen tiefer und tiefer in eine Grube von Wut und Rache, aus der wir nicht mehr herauskommen. Oder:
3) Wir erkennen, dass wir uns über etwas Unbedeutendes aufgeregt haben. Wir werden gelassen und beruhigen uns.

Eine Frage, die man sich stellen sollte, lautet: „Wen verletzt der Ärger?" In diesem Zusammenhang gibt es ein Beispiel aus dem Leben von Buddha. Eines Tages saß er bei seinen Schülern, als eine Person dazukam, die nicht an die Lehren Buddhas glaubte und ihn in Verruf bringen wollte. Die aufgebrachte Person beschimpfte Buddha und lästerte über ihn.

Die Schüler Buddhas reagierten sofort und wollten den Mann dafür bestrafen, dass er so respektlos zu ihrem Lehrer gesprochen hatte.

Buddha hielt sie aber zurück und sagte: „Fügt ihm keinen Schaden zu." Dann wandte sich Buddha an den Mann und sagte: „Lieber Freund, dieses Geschenk des Ärgers, das du mir gebracht hast, nehme ich nicht an." Der Mann drehte sich um und ging.

Als die Schüler von Buddha wissen wollten, weshalb er so reagiert hatte, sagte der Erleuchtete: „Wenn ich sein Geschenk des Ärgers nicht annehme, bei wem verbleibt es dann?"

Buddha ließ sie wissen, dass, wenn wir den Ärger, der uns geschickt wird, nicht annehmen, er beim Sender bleibt oder zu diesem zurückkehrt. Wenn wir also ärgerliche Gedanken über jemanden haben, bleibt der Ärger in unserem System und wir sind diejenigen, die verletzt werden.

Die Naturwissenschaft und die Medizin veranschaulichen heute dieses Prinzip. Forscher können die biologische Reaktion beobachten, die in unserem Gehirn und in unserem Körper stattfindet, wenn wir unter Stress stehen oder von Ärger erfüllt sind. Sie erforschen, wie Ärger im Körper eine Kettenreaktion auslöst, in der bestimmte Hormone ausgeschüttet werden. Die Hormone aktivieren bestimmte Antworten im Körper. Während diese Hormone den Körper darauf vorbereiten, wegzulaufen oder sich durch Kampf zu retten, verinnerlichen wir den Ärger, weil keine physische Bedrohung besteht. Da wir nicht fliehen oder kämpfen müssen, zirkulieren diese Hormone einfach in unserem Körper und verursachen unnötig Stress für unsere Zellen und Organe. Ärzte haben diese Reaktionen mit der Entwicklung von stressbedingten

Erkrankungen in Zusammenhang gebracht. Mit der Zeit sind Menschen dem Risiko ausgesetzt, z. B. hohen Blutdruck, Herzerkrankungen, Schlaganfall, Atemprobleme, Hauterkrankungen oder andere Beschwerden zu entwickeln. Die medizinische Forschung zeigt, dass Ärger den verletzt, der ihn aussendet. Unsere ärgerlichen Gedanken lösen eine körperliche Reaktion aus, die unserer Gesundheit schaden kann.

Diese Hormone, die durch Ärger aktiviert werden und in uns zirkulieren, können zu gesundheitlichen Problemen und stressbedingten Erkrankungen führen. Sie können auch zu vielen weiteren Gedanken führen, die uns noch mehr Schwierigkeiten bereiten. Wir sind innerlich nicht mehr gelassen, sondern grübeln über den empfundenen Ärger und über die Schuld nach, die wir anderen geben, weil wir meinen, sie hätten unseren Ärger verursacht. In Wahrheit kann uns niemand Ärger bereiten, sofern wir es nicht selbst zulassen.

Übung: **Notiere die Zeiten, in denen du ärgerlich warst, und welche körperlichen und psychischen Auswirkungen es hatte. Wie hat der Ärger deine innere Ruhe beeinträchtigt?**

Kritik

Wenn jemand etwas tut, das uns nicht gefällt, kommen vielleicht Gedanken der Kritik in uns auf. Wir sagen zu uns: „Warum hat er das getan? Warum hat sie die Arbeit auf diese Art gemacht? Warum macht er Fehler, wenn er es doch besser wissen sollte? Warum redet sie so?" Die Liste kann beliebig verlängert werden. Was geschieht mit unserer inneren Ruhe?

Kritik erhebt sich, wenn wir mit den Worten oder Taten anderer nicht einverstanden sind. Wir beobachten, was sie tun, und machen Bemerkungen über ihre Worte, Handlungen und Entscheidungen. Wenn wir uns von dieser Person entfernen, denken wir an all die Fehler, die wir entdeckt haben. Wir sprechen vielleicht sogar mit anderen über ihre

Fehler. Denkt nur daran, wie viel Zeit wir damit verbringen, über andere nachzudenken und über sie zu sprechen!

Videowiederholungen auf unseren Fernsehern, Computern oder anderen digitalen Geräten ermöglichen es uns, jede Show oder jedes Programm nochmals abzuspielen. Wenn wir uns eine Wiederholung von etwas ansehen, das wir schon einmal gesehen haben, dauert es genauso lange, es nochmals zu sehen. Am Ende verbringen wir doppelt so viel Zeit mit der ursprünglichen Aktivität. Das passiert, wenn wir andere kritisieren. Wir haben beobachtet, was sie einmal getan haben, aber dann wiederholen wir es innerlich, um jeden Schritt davon zu kritisieren.

Wir verlieren wertvolle Zeit, die unser Verstand für andere, hilfreichere Aktivitäten nutzen könnte. Anstatt Zeit damit zu vergeuden, ständig zu wiederholen, was wir am Verhalten anderer kritisieren, könnten wir die Zeit produktiv für unsere Arbeit nutzen, um Ideen oder Abläufe zu verbessern oder zu entwickeln. Sie kann dafür verwendet werden, in der Schule oder Arbeit neue Fähigkeiten zu erwerben. Wir können die Zeit für unsere körperliche Fitness nutzen. Sie könnte dafür eingesetzt werden, dass wir unsere Beziehungen zu unseren Lieben vertiefen. Wir können unsere wertvolle Zeit auch dazu nutzen, uns spirituell zu entwickeln. Würden wir die Zeit dazu verwenden, uns selbst zu verbessern, anstatt andere zu kritisieren, würden wir größere Vorteile erzielen.

Wenn wir unsere Gedanken und Emotionen davon reinigen könnten, andere zu kritisieren, wären wir friedlicher und glücklicher.

Übung: Notiere die Zeiten, in denen du andere kritisiert hast. Wie hättest du diese Zeit nutzen können, um friedlicher zu sein oder dich selbst zu verbessern?

Verletzende Gedanken

Wir meinen, dass die Grausamkeiten des Mittelalters vorüber sind. Wir lesen in der Geschichte, wie brutal Menschen zueinander waren, und denken: „Ich bin froh, dass diese Zeiten vorbei sind." Ein Blick auf die Nachrichten – sei es in der Zeitung, im Internet, in sozialen Medien oder im Fernsehen – zeigt, dass Gewalt unseren Planeten noch immer quält. Gewalttätige Gedanken bleiben bestehen.

Warum denken Menschen daran, andere zu verletzen? Es gibt viele Gründe, doch die Ergebnisse sind dieselben. Wir sind verärgert, wenn die Dinge nicht nach unseren Vorstellungen laufen. Jemand verletzt uns, und wir wollen uns revanchieren. Wir wollen etwas erlangen, was andere haben, und sind dabei nicht erfolgreich. Wenn Menschen wütende Gedanken haben oder sich vorstellen, jemanden zu verletzen, betreten sie die Ebene der Gewalt. Auf diese Weise sind unsere Gedanken und Emotionen mit dem Gift gewaltsamer Gedanken erfüllt.

Viele Menschen haben vorübergehend Gedanken der Wut, aber ihr Gewissen sagt ihnen, dass dies falsch ist, sodass sie diese Gedanken niemals in die Tat umsetzen. Sie übernehmen die Kontrolle über ihre Gedanken. Wenn sie erkennen, dass ein Gedanke gewaltvoll ist und anderen schaden kann, wenn man ihn realisiert, dann setzen sie ihn nicht in die Tat um. Wem diese Selbstbeherrschung nicht beigebracht wurde, gibt seinen gewaltsamen Gedanken vielleicht nach und fügt anderen und sich selbst damit Schmerz zu.

Wenn wir unsere Gemütsverfassung reinigen, können wir die Gifte, die in Zusammenhang mit Gewalt unsere Gedanken bestimmen, wegwaschen. Solange diese toxischen Gedanken der Gewalt uns innerlich beschäftigen, haben wir keinen Frieden. Gewaltsame Gedanken breiten sich aus und eskalieren, was dazu führen kann, dass wir nach Möglichkeiten suchen, wie wir jemandem schaden können. Bald sind wir mental in komplizierte Pläne verwickelt, um diese gewaltsamen Gedanken umzusetzen. Unser Gemützustand ist vergiftet, und wir riskieren, dass sich das auf andere überträgt, wenn wir danach handeln.

Mentale Toxine zu beseitigen, bedeutet auch, sich von gewalttätigen Gedanken zu befreien. Dadurch werden wir innerlich ruhig und friedlich. Wenn jemand etwas macht, das uns nicht gefällt, sollten wir ruhig bleiben, anstatt uns zu revanchieren.

Übung: Liste die Zeiten auf, in denen du gewaltsame Gedanken gegenüber anderen hattest. Tauchten solche Gedanken oft auf? Denke darüber nach, wie diese Gedanken deinen eigenen Frieden beeinträchtigen.

Wie können wir uns durch Gewaltlosigkeit von Ärger reinigen?

Einfache Techniken können die Gifte der Gewalt beseitigen und durch den wohltuenden Balsam der Gewaltlosigkeit ersetzen.
Meditation bietet ein Sicherheitsnetz vor dem Absturz in die Gewalt. Wie kann Meditation so kraftvoll sein?

Wenn wir auf das innere Licht und den inneren Klang meditieren, erlangen wir eine neue Sichtweise. Dadurch nehmen wir wahr, wie das innere Licht uns alle als eine Familie verbindet. Wenn wir erkennen, dass das Licht in uns auch in allen anderen ist, betrachten wir alle als eine Familie der Menschheit, selbst Menschen mit großen Unzulänglichkeiten. In einer Familie lieben und helfen die Familienmitglieder einander. Auch wenn es Unstimmigkeiten gibt, bestehen innerhalb der Familie eine grundlegende Liebe und ein Gefühl der Zuwendung. Niemand möchte einem anderen absichtlich Schaden zufügen.

Wenn wir erkennen, dass alle Menschen Teil einer Familie sind, können wir unsere Fürsorge und Liebe ausdehnen, sodass sie alle Menschen umfasst. Mit diesem Blickwinkel können wir unsere gewaltsamen Gedanken reduzieren. Wir mögen mit anderen nicht übereinstimmen oder unterschiedliche Sichtweisen haben, aber wir lassen es nicht dazu kommen, dass wir Gedanken, irgendjemandem zu schaden, entwickeln. Wir denken nicht daran, jemandem gegenüber gewalttätig zu sein. Meditation auf das innere Licht und den inneren Klang ersetzt gewaltsame Gedanken durch Gewaltlosigkeit sowie durch Gedanken der Liebe und Sorge für andere.

Meditation auf das innere Licht und den inneren Klang kann unsere Gemütsverfassung vom Gift des Ärgers befreien. Wenn wir in das Reservoir von Licht und Klang im Inneren eintauchen, werden die Störfaktoren des Lebens weggewaschen. Wir werden dann von innerer Zufriedenheit erfüllt. Wir fühlen uns wohl, sodass uns das, was uns geärgert hat, nicht länger stört. Denkt an den Wutanfall, den ein Kind hat, wenn man ihm seinen Lolli nimmt. Gibt man ihm stattdessen seine Lieblingssorte Eis, dann vergisst es den Lolli schnell. Ähnlich ist es bei uns: Wenn wir das, was wir nicht erhalten haben, durch eine viel größere Quelle des Glücks ersetzen, kann sich unser Ärger legen. Durch Meditation auf das Licht und den Klang werden wir von innen mit Glück erfüllt. Wir können solche Freude erfahren, dass wir uns sogar fragen: „Was hat mich vorher wütend gemacht? Ich erinnere mich nicht einmal mehr daran, was es war."

Einmal wurde Mutter Teresa gefragt: „Werden Sie jemals wütend wegen der zahlreichen Beispiele sozialer Ungerechtigkeit, die Sie in Indien und anderen Teilen der Welt, in denen Sie arbeiten, sehen?"

Mutter Teresa antwortete sehr schön: „Warum sollte ich meine Energie mit Ärger verbrauchen, wenn ich sie in Liebe investieren kann?"

Diese Bemerkung von Mutter Teresa veranschaulicht eine hohe Sichtweise, wie wir unser Leben führen können. Wenn wir durch das Leben gehen, geraten wir in viele Situationen, die Ärger hervorrufen können. Um den Ärger zu überwinden, können wir ruhig bleiben, ganz gleich, was uns widerfährt. Wenn wir zu Hause, bei der Arbeit oder im Straßenverkehr mit Problemen konfrontiert sind, sollten wir nicht reagieren. Wir können erkennen, dass es Schwierigkeiten gibt, aber Schritte unternehmen, um das Problem zu lösen. Wir können proaktiv sein und versuchen, die Ursache der Aufregung durch Kommunikation oder friedliche Lösungen zu beseitigen. Ärger wird die Probleme nicht lösen. Er lässt nur unseren Blutdruck steigen und bewirkt, dass die Flucht- bzw. Kampfhormone in unserem Körper zirkulieren. So macht er uns krank. Unser Ärger bringt die anderen nicht von ihrem Verhalten ab. Der Ärger macht uns nur ineffektiv. Wenn wir aber ruhig bleiben, können wir das Problem mit allen Fähigkeiten, die wir haben, gefasst angehen.

Welche Schritte können wir unternehmen, um den Ärger zu überwinden? Wenn wir merken, dass wir ärgerlich werden, sollten wir nicht sofort etwas sagen oder tun. Stattdessen sollten wir tief durchatmen und uns beruhigen. Dann sollten wir uns zur Meditation setzen. Wir sollten uns aus der Situation zurückziehen, um allein zu sein und zu meditieren. Wenn sich ärgerliche Gedanken einschleichen wollen, sollten wir uns fragen, ob wir die durch Ärger angespannte Stimmung noch verstärken wollen. Wenn wir ruhig sein wollen, gelingt uns das, indem wir den Ärger nicht weiter entfachen. Wir sollten erkennen, dass unser Ärger umso weniger Energie hat, je länger wir ruhig, still und gefasst bleiben können. Er wird sich allmählich auflösen.

Wir können dem Beispiel von Abraham Lincoln folgen. Als man ihm während des Bürgerkrieges vorwarf, er sei freundlich zum Feind, antwortete er: „Vernichte ich meine Feinde nicht, wenn ich sie zu meinen Freunden mache?"

Wir können den Ärger mit Ausgeglichenheit und Gleichmut vernichten. Während die Situationen, die uns aufregen, weiter bestehen, wollen wir uns nicht an sie binden. Wir wollen ruhig durch sie hindurchgehen. Wir können unsere Energie für konstruktivere Zwecke nutzen und friedlich sein.

Eine Ursache für Ärger sind Beziehungsprobleme. Eltern mühen sich, mit ihren Kindern zurechtzukommen. Kinder empfinden ihre Eltern als herausfordernd. Ehepartner oder Personen, die mit ihren Lebensgefährten zusammenleben, finden einen Grund für Meinungsverschiedenheiten. Kollegen, Freunde und Nachbarn finden Gründe für Streitigkeiten. Das Unbehagen, das wir empfinden, wenn wir mit einer anderen Person nicht zurechtkommen, kann so groß sein, dass wir zu sehr damit beschäftigt sind, eine Lösung für unser Problem zu suchen. Für diejenigen, die versuchen, sich auf Meditation und die höheren

KAPITEL 11: FRIEDEN DURCH GEWALTLOSIGKEIT

Aspekte des Lebens zu konzentrieren, können Beziehungsprobleme ein Hindernis darstellen, weil sie unsere Aufmerksamkeit beanspruchen.

Was ist das Geheimnis einer glücklichen Beziehung, die uns Frieden schenkt? In diesem Zusammenhang gibt es eine Geschichte von zwei Kollegen, die beschlossen, sich gemeinsam selbständig zu machen. Sie arbeiteten hart, um ihr Unternehmen aufzubauen, das mit der Zeit erfolgreich wurde. Nach vierzig Geschäftsjahren veranstalteten sie ein Fest. In der heutigen Zeit, in der viele Geschäftsbeziehungen oder Beziehungen zwischen zwei Partnern nicht lange halten, war es bemerkenswert, dass sie so viele Jahre zusammengeblieben waren.

Sie gaben ein Bankett und luden ihre Familien, Freunde, Kunden und Partner ein, um das vierzigjährige Jubiläum ihrer Geschäftspartnerschaft zu feiern.

Am Tag des Festes erschienen die Gäste, um die beiden zu feiern. Zu den Festlichkeiten gehörten Musik und köstliches Essen.

Als alle beim Abendessen saßen, erhob ein Gast sein Glas, um einen Toast auszusprechen. Er sagte: „So wenige schaffen es, vierzig Jahre lang Partner in einem Unternehmen zu bleiben." Die Gäste bewunderten, wie lange diese beiden Männer gemeinsam im Geschäft geblieben waren, ohne sich zu streiten oder getrennte Wege zu gehen. Sie fragten sie nach ihrem Geheimnis, so lange in einer Geschäftspartnerschaft zu bleiben.

Die beiden Männer sahen sich an und flüsterten sich einige Augenblicke etwas zu.

Einer von ihnen erhob sich und sagte: „In all den Jahren, die wir gemeinsam verbracht haben, haben wir kein einziges Mal miteinander gestritten."

Die Gäste sahen einander verwundert an und tuschelten.

Einer der Freunde, der die beiden gut kannte, rief zum Spaß: „Wir kennen euch beide. Wir wissen, wie kritisch ihr sein könnt und wie ihr argumentieren könnt. Denkt ihr wirklich, dass wir das glauben?"

Der andere Mann bestätigte, was der Erste gesagt hatte: „Ja, es ist wahr."

Ein anderer Freund erhob sich und sagte: „Kommt schon, wie sollen wir das glauben? Du bist so aufbrausend. Du regst dich über die kleinste Kleinigkeit auf."

Ein Freund des anderen Geschäftspartners sagte: „Und ich kann das Gleiche über meinen Freund sagen. Er ist so jähzornig. Wie können wir glauben, dass ihr beide niemals streitet?"

Die beiden Geschäftspartner sahen sich an und flüsterten sich ein paar Dinge zu.

Einer deutete dem anderen, er solle antworten.

Und dieser sagte: „Du hast recht. Wir sind beide aufbrausend. Wir regen uns über die kleinsten Dinge im Leben auf."

Dann sagte der Mann, der den Toast ausgesprochen hatte: „Wie konntet ihr dann so lange in einer Geschäftspartnerschaft bleiben und behaupten, dass ihr nicht einmal gestritten habt?"

Einer der Männer antwortete: „Hier ist das Geheimnis unserer glücklichen Beziehung."

Alle Gäste wurden hellhörig und setzten sich auf die Kante ihres Sitzes, weil sie auf die Antwort neugierig waren.

Der Mann fuhr fort: „Als wir die Geschäftsbeziehung eingingen, haben wir einen besonderen Pakt geschlossen. Wollt ihr alle wissen, was das war?"

Die Gäste riefen alle: „Ja!" Sie wollten es wissen.

Der Mann sagte: „Wir schlossen den Pakt, dass wir nie gleichzeitig wütend werden. Wir versprachen einander, dass, wenn einer ärgerlich wird, der andere geduldig bleibt. Wenn sich nur einer beschwert oder kämpft, der andere aber ruhig ist, gibt es keinen Streit. Es ist einseitig. Weil wir diese Vereinbarung die ganzen vierzig Jahre im Geschäft eingehalten haben, hatten wir niemals Streit. Es braucht zwei zum Streiten. Mit nur einer Person ist es kein Streit. Das ist das Geheimnis unserer glücklichen Arbeitsbeziehung in all den Jahren."

Überlege, wie groß die Bedeutung für unser eigenes Leben ist! Ein Streit bezieht sich auf zwei Menschen, zwischen denen es hin- und hergeht und die sich Schimpfwörter, Klagen und Kritik an den Kopf werfen. Eine Person sagt etwas Unfreundliches, und die andere Person antwortet mit noch kritischeren Worten. Dann antwortet wieder die erste, und es geht hin und her und immer weiter. Nach Minuten, Stunden, Tagen und sogar Wochen oder Monaten, in denen die lange Folge der harschen Worte andauert, erinnern sich die beiden schließlich nicht einmal an ihre ursprüngliche Unstimmigkeit.

Wenn allerdings nur eine Person ihren Ärger ausdrückt und die andere den Mund hält, löst sich der Ärger im System der Person, die sich beschwert, auf. Ohne Reaktion des anderen, sondern nur mit einem Lächeln und Geduld gibt es nichts mehr zu sagen. Die lodernden Flammen des Ärgers erlöschen irgendwann.

Wenn nur einer spricht und der andere still ist, entsteht kein Streit. Ohne Streit herrscht Ruhe. Und das ist ein Schritt in Richtung jener inneren Stille, die nötig ist, um sich mit Gott zu verbinden.

Diese Formel für eine glückliche Beziehung kann in all unseren Beziehungen erprobt werden. Wir können sie im Umgang mit unseren Kindern nutzen, die sich beschweren und einen Wutanfall bekommen, wenn sie ihren Willen nicht durchsetzen können. Kinder können sie bei ihren Eltern anwenden, die mit etwas, das sie tun, nicht glücklich sind. Kollegen können sie bei der Arbeit nutzen, wenn sie im Begriff sind, über eine Richtlinie oder eine berufliche Situation zu streiten. Ehepartner oder Personen, die in einer Beziehung sind, können die Formel jedes Mal anwenden, bevor sie anfangen, über etwas zu streiten. Meistens streitet man in der Familie über triviale Dinge, etwa dass die Zahnpasta-Tube offengelassen wurde oder wer in einer Frage recht hat. Man kann auch über größere Dinge streiten, etwa wie man das Geld ausgibt oder über die Entscheidung, welches Haus man kauft. Wenn eine Meinungsverschiedenheit zu einem Streit ausartet, dann wende den Geheimtrick an, dass sich nur einer zu einer Zeit ärgert und der andere ruhig, kühl und gelassen bleibt. Wenn der Ärger des einen vergangen ist und sich die Lage entspannt hat, kann der andere seinen Standpunkt einbringen. Wenn sich die zweite Person nicht unter Kontrolle hat und in Wut gerät, kann die andere Person ruhig bleiben, bis der Sturm vorüber ist.

Situationen, in denen wir gute Erfahrungen machen, wenn wir ruhig agieren, bestärken das positive Verhalten. Situationen, in denen wir durch schlechte Entscheidungen negative Erfahrungen treffen, geben uns die Gelegenheit, daraus zu lernen, wie wir die Situation meistern können. Man kann sich dafür entscheiden, sich zornig zu verhalten, und dann beobachten, ob sich eine schwierige Situation weiter verschlimmert. Oder man kann sich dafür entscheiden, gewaltfrei zu handeln, und schauen, wie sich eine negative Situation dadurch entschärft.

Beziehungsprobleme sind eine Gelegenheit, um zu lernen, wie man ein besserer Mensch wird und wächst. Wenn wir von Wut geplagt sind, bedeutet das, dass wir die Lektion der Gewaltlosigkeit und Geduld lernen müssen. Wenn wir bei dieser Lektion scheitern, sehen wir vielleicht, dass sich unsere Beziehungen verschlechtern. Wenn wir aber Erfolg haben und ruhig bleiben, werden wir bemerken, dass sich das Problem zerstreut. Das bildet eine Gewohnheit, durch die wir lernen, wie wir uns das nächste Mal, wenn wir mit einer ähnlichen Situation konfrontiert sind, gewaltlos verhalten.

Die Aussage „Rom wurde nicht an einem Tag erbaut" erinnert uns daran, dass man eine Lektion oft wiederholen muss, bis man sie gelernt hat. Wir mögen hunderte oder tausende Male an unserem Ärger scheitern, doch wenn wir weiter versuchen, denen gegenüber geduldig zu sein, die uns gegenüber ärgerlich sind, wird ein Tag kommen, an dem wir die Lektion meistern. Wir werden ruhig bleiben, wenn wir vom Ärger einer anderen Person angegriffen werden. Der Frieden, den wir erfahren, wird so beglückend sein, dass wir nicht zu unseren alten, negativen Verhaltensweisen der Vergangenheit zurückkehren wollen.

Selbstüberprüfung ist eine Methode, die uns dabei hilft, zu beobachten, wie wir uns verhalten, wenn wir mit den Launen einer anderen Person konfrontiert sind. Wenn wir uns darauf konzentrieren, Gewaltlosigkeit und Geduld zu entwickeln, können wir vermerken, wie oft am Tag wir negativ auf den Ärger einer anderen Person reagieren. Dann können wir uns entschließen, jeden Tag einmal weniger wütend zu reagieren, um unsere ärgerlichen Reaktionen dadurch zu reduzieren. Mit der Zeit werden wir Hunderte solcher Reaktionen auf Dutzende und dann auf einzelne Reaktionen verringern. Schließlich werden wir wie die beiden Geschäftspartner aus der Geschichte sein, die sagen konnten, dass sie niemals Streit hatten. Auch wir werden in der Lage sein, nicht auf den Ärger einer anderen Person zu reagieren.

Manchmal, wenn wir ruhig bleiben, beginnen andere, uns zu bewundern. Sie bemerken beispielsweise, wie aufgebracht sie selbst sind, während sie uns stets ruhig und ausgeglichen erleben. Andere werden vielleicht an einen Punkt kommen, an dem sie vom Streiten genug haben. Sie erkennen vielleicht, wie gelassen die Reaktion auf ihre ärgerlichen Monologe ausfällt, sodass sie schließlich damit aufhören. Wenn sie erfahren, dass wir auf ihre Tiraden des Ärgers nicht reagieren, hören sie vielleicht auf, Wutanfälle zu haben, und werden friedlich. Dann können beide Seiten lernen, wie man eine Meinungsverschiedenheit friedvoll austrägt, ohne dass sie in einen Streit ausartet.

Wer zu meditieren lernt, hat ein zusätzliches Werkzeug, das er gegen Ärger einsetzen kann. Ärgert sich jemand über uns, sei es ein Familienmitglied, der Ehepartner, ein Elternteil, ein Kind, ein Freund, ein Arbeitskollege oder irgendjemand sonst, hilft uns Meditation, ruhig zu bleiben. Sobald der Angriff der anderen Person zu Ende ist, können wir meditieren, was uns hilft, geduldig zu bleiben. Die andere Person mag uns verbal angegriffen haben, doch wir konzentrieren uns auf den Frieden im Inneren.

Durch Meditation kommen wir mit einer Quelle des Glücks in uns in Verbindung. Die Freude, die wir in uns erfahren, bleibt sogar bei uns, wenn wir die Meditation schon beendet haben. Sie hält den ganzen Tag über an. Wir können die Schwierigkeiten in einem Zustand der Ausgeglichenheit bewältigen. Mit der Zeit wirkt sich unsere Gelassenheit beruhigend auf unsere Umgebung aus.

Mit anderen die Vereinbarung zu treffen, dass sich stets nur eine Person zu einer Zeit ärgert, verbunden mit Meditation, hilft uns, das Geheimnis einer glücklichen Beziehung lernen. Wenn wir dies praktizieren, beginnen wir mit einer neuen Gewohnheit, durch die wir sogar ärgerliche Gedanken gegenüber anderen auflösen und unser Gemüt reinigen können.

Vergeltung durch liebevolle Vergebung ersetzen

Konflikte, Gewalt und Kriege auf der ganzen Welt verursachen enormes Leid. Eine Ursache der Gewalt liegt im Wunsch nach Vergeltung. Jemand verletzt uns, sodass auch wir ihn verletzen wollen. Dann übt er Vergeltung. Wir reagieren und zahlen ihm den Schmerz, den er uns zugefügt hat, heim. Ein Kreislauf der Gewalt, entweder in Gedanken oder in Worten oder in Taten, nimmt seinen Lauf. Manche Rachezyklen mögen Tage, Wochen, Monate oder Jahre dauern, und in manchen Fällen Jahrhunderte.

Wie können wir jemals eine friedliche Welt haben, wenn der Kreislauf der rachsüchtigen Vergeltung kein Ende nimmt? Gibt es ein Heilmittel für das Gift der Rache? Die Lösung für den Kreislauf der Rachegefühle liegt in uns. Ein Gegenmittel zum Gift der Rache besteht darin, sich in Vergebung zu üben.

Hierzu gibt es eine schöne Geschichte über Clara Barton, die den Pflegeberuf begründete. Sie war eine vergebende Person und hegte niemals Groll oder Abneigung gegen irgendjemanden. Eines Tages erinnerte eine Freundin Clara Barton an einen Fehler, den sie Clara gegenüber vor vielen Jahren begangen hatte, und wollte sich entschuldigen. Clara konnte sich nicht einmal daran erinnern, wofür sich die Person entschuldigte. Als die Person sagte: „Erinnerst du dich nicht daran, was ich dir angetan habe?", antwortete Clara liebevoll: „Nein, ich erinnere mich nur daran, es vergessen zu haben!"

Wenn wir wie Clara sein können und absichtlich Fehler vergessen, werden unser Gemüt und Herz klar sein. Wenn wir vergeben und vergessen, lassen wir die Vergangenheit los. Wir sagen: „Ich vergebe der Person, was passiert ist. Und dann werde ich es vergessen." Wir lassen es los. Vergangenes Unrecht, das uns andere angetan haben, loszulassen, bringt uns den Vorteil, dass wir unsere Gedanken und Emotionen entgiften. Wir sind dann innerlich gereinigt, sodass wir aus der Quelle des Friedens, die im Inneren sprudelt, trinken. Wellen der Glückseligkeit erwarten uns, aber um sie zu erfahren, muss unser Gemüt frei von jeglichem Ärger sein. Unser Herz und unser Gemüt mit all seinen Gedanken und Emotionen vom Gift der Vergeltung zu reinigen, öffnet uns für das Glück.

Der Kreislauf der Vergeltung kann durch die Kraft der liebevollen Vergebung beendet werden. Der Wunsch nach Rache, wenn uns jemand unrecht getan hat, stellt eine große Herausforderung auf dem Weg zu Frieden in dieser Welt dar. Es ist leicht, friedlich zu sein, wenn alles nach Wunsch verläuft. Wenn uns aber jemand verletzt, braucht es Kraft, um den eigenen Ärger zurückzuhalten und nicht auf den Täter loszugehen. Das Bedürfnis, an denen Rache zu üben, die uns verletzt haben, führt in einen Teufelskreis der Vergeltung.

Es gibt zwei Wege, für die sich jeder von uns entscheiden kann. Wenn uns jemand in Worten oder Taten verletzt, können wir den Weg der Rache und Vergeltung wählen oder wir können den Pfad der Vergebung einschlagen. Für diejenigen, die den Weg der Rache wählen, hört die Vergeltung niemals auf. Jede Person zahlt Gleiches mit Gleichem zurück, was Tage, Monate oder Jahre andauern kann. Blicken wir in die Geschichte, so sehen wir, dass diese Vergeltung jahrhundertelang Kriege verursachte. Es erfordert Mut, den Kreislauf der Vergeltung zu durchbrechen und stattdessen den Weg der Vergebung zu wählen. Vergebung wäscht die Verletzungen der Vergangenheit weg und ersetzt sie durch Menschenliebe.

Um unsere Gedanken und Emotionen von Rache zu entgiften, treffen wir die Entscheidung zu vergeben, wenn uns jemand verletzt. Das wird unseren eigenen Frieden bewahren, sodass die Situation nicht in einen größeren Kampf ausartet. Die Herzen der anderen werden zum Blühen gebracht, wenn man die Sorgen der Welt durch Güte ersetzt. Und dafür wird unser eigenes Herz mit den Blumen der Liebe erblühen.

Wenn wir vergeben, pflegen wir Gedanken, Worte und Taten der Güte. Wir haben Fälle erlebt, in denen jemand, der verletzt wurde, nicht reagierte. Das Ergebnis ist, dass die Person, die den Schmerz verursacht hatte, später bedauerte, was sie getan hatte, weil der Empfänger des Schmerzes nicht reagierte und sich ihr gegenüber weiter gewaltlos verhielt. Manchmal bereut die Person auch, den anderen verletzt zu haben, und eines Tages ändert sie sich vielleicht. Ohne zu reagieren, dient die ruhige Person als Spiegel, in dem eine verletzende Person ihre eigene Reflexion erblickt. Wenn es keine Reaktion gibt, hat die zornige Person die Möglichkeit, sich zu beruhigen und zu erkennen, wie dumm sie sich verhalten hat. Sie kann ihr Verhalten ändern. Der Schlüssel ist, nicht negativ zu reagieren.

Wenn wir durch wütende Reaktionen belastet sind, kommt die Energie des Ärgers, die wir in das Universum aussenden, irgendwann als Bumerang zu uns zurück. Wir können uns im Leben fragen, weshalb wir das Opfer des Ärgers einer anderen Person sind. Dabei erkennen wir nicht, dass der Ärger möglicherweise nur durch etwas auf uns zurückkommt, das wir in der Vergangenheit erzeugt haben.

Manchmal reagieren wir mit boshaften Worten. Wir sehen die Auswirkungen, die verbaler Ärger oder Missbrauch auf andere haben. Kriege werden wegen Worten geführt. Scheidungsgerichte sind voll von Fällen, in denen sich Menschen wegen Worten, die sie gegeneinander verwendet haben, trennen wollen. Kinder wachsen mit psychologischen Komplexen auf, die von verletzenden Worten ihrer Eltern herrühren. Wenn wir ärgerlich sind und verletzende Worte sprechen, verletzt das nicht nur die Person, an die diese Worte gerichtet sind. Vielmehr kommen ihre Auswirkungen irgendwann wie ein Bumerang zu uns zurück.

Selbst wütende Gedanken sind mächtig. Wir meinen, dass niemand weiß, was in unserem Kopf vorgeht. Aber dem ist nicht so. Ärgerliche Gedanken erzeugen ihre eigene Schwingung. Wir senden Schwingungen in die Atmosphäre, und andere können sie auf einer nonverbalen Ebene aufgreifen. Wir meinen, niemand weiß, was wir denken, aber sie können spüren, dass wir ihnen gegenüber Ärger hegen. Wütende Gedanken können mit einem wütenden Tonfall hervorsprudeln, sogar wenn wir etwas Neutrales oder Harmloses sagen.

Unsere ärgerlichen Gedanken können unser Handeln bestimmen. Wir treffen Entscheidungen auf Grundlage unserer inneren Wut. Wenn uns eine Person um Hilfe bittet, sagen wir in unserem Ärger „nein", auch wenn es keinen Grund gibt, ihr nicht zu helfen. Durch unseren Ärger wollen wir die Person meiden.

Wenn wir ärgerlich sind, stehen wir unserem eigenen Frieden im Weg. Wie können wir Freude empfinden, wenn uns unser Ärger behindert? Wir kennen den Ausdruck „blind vor Wut". Stellt euch vor, dass jemand, den wir mögen, liebevoll und mit wunderschönen Rosen zu uns kommt, um uns zu sehen. Unglücklicherweise sind wir so in unserer Wut verstrickt, dass wir auf die Person losgehen. Wir blockieren die Liebe, die auf uns zukommt, indem wir uns auf unseren eigenen Ärger konzentrieren.

Wir können uns über Rache erheben, indem wir mit dem Frieden im Inneren in Verbindung kommen. Wenn wir alle inneren Frieden finden, würde er wie ein Leuchtfeuer zu allen um uns ausstrahlen. Wie eine Welle könnten wir unsere Ruhe in die ganze Welt verbreiten.

Wenn wir in Liebe baden, werden wir von den jahrelangen Gewohnheiten, die uns rachsüchtig handeln ließen, gereinigt. Wir entwickeln Liebe, Vergebung und Mitgefühl. Das ist unser erster Schritt in Richtung Versöhnung und Frieden. Meditation kann in unser tägliches Leben integriert werden.

In diesen unruhigen Zeiten können wir lernen, zu meditieren und einen Ort der Ruhe und des inneren Friedens zu finden. Jeden Tag werden wir in der Lage sein, uns den Herausforderungen des Lebens zu stellen. Wir werden nicht nur selbst friedlich sein, sondern Frieden an alle ausstrahlen, denen wir begegnen. Frieden beginnt mit uns. Niemand hatte jemals Erfolg, andere ändern zu wollen, damit sie friedlich werden. Wir können nur uns selbst ändern. Indem wir uns ändern, werden wir ein Vorbild und haben eine positive Wirkung auf alle, denen wir begegnen. Wenn sie unsere Güte sehen, werden sie dazu inspiriert, herauszufinden, was unser Leben ruhig und friedlich gemacht hat. Dann können wir ihnen mitteilen, dass uns Meditation geholfen hat, uns zu ändern. Indem wir uns ändern, können wir andere transformieren - unsere Familie, unsere Gemeinde, die Gesellschaft und schließlich die ganze Welt.

Wenn wir die innere Glückseligkeit und Liebe erfahren, strömen Mitgefühl und Vergebung von uns zu denjenigen, die uns in der Vergangenheit verletzt haben. Wir bauen friedliche, harmonische und liebevolle Beziehungen auf. Auf diese Weise können wir uns über Vergeltung erheben und eine friedliche und sichere Welt für uns selbst und unsere Nachwelt bauen.

Übung: **Wähle hilfreiche Tipps aus diesem Kapitel aus, um jeglichen Ärger zu überwinden, und beobachte, ob du dich dadurch innerlich ruhiger fühlst.**

KAPITEL 12

Wahrhaftigkeit – ein Leben frei von Stress

Eine weitere Gruppe von Toxinen, die uns daran hindern, friedvoll zu sein, sind Lügen, Falschheit und Heuchelei. Sie entstehen durch einen Mangel an Wahrhaftigkeit. Lügen, Falschheit und Heuchelei weisen darauf hin, dass wir Angst davor haben, wirklich wir selbst zu sein. Wir wollen denken, sprechen und handeln, als ob wir jemand anderer wären. Diese Toxine stellen unterschiedliche Formen dar, von der Wahrheit abzuweichen.

Lügen

Lügen beinhaltet, dass wir etwas anderes sagen als das, was Tatsache oder Realität ist. Wenn wir lügen, müssen wir eine Geschichte über eine Situation erfinden. Mit Informationen, die wir uns zurechtgelegt haben, verbergen wir, was wirklich geschehen ist.

Dann müssen wir die Lüge im Gedächtnis behalten, damit wir den Leuten konsequent dieselbe Geschichte erzählen. Wenn wir die Wahrheit sagen, ist es leicht, denn wir können uns auf das Ereignis beziehen und es anderen gegenüber einfach wiederholen. Aber wenn wir etwas erfinden, müssen wir uns daran erinnern, was wir wem wann erzählt haben. Das erfordert mentale Energie.

Nachdem wir gelogen haben, fügen wir unseren Toxinen Sorge hinzu, weil wir Angst haben, jemand könnte herausfinden, dass unsere Geschichte nicht wahr war. Wir bekommen Angst, dabei ertappt zu werden, dass wir die ursprüngliche Geschichte geändert haben. Das bringt andere dazu, an uns zu zweifeln und uns zu misstrauen. Dies resultiert in einem weiteren Bündel von Problemen, die wir überwinden müssen, wenn andere uns nicht mehr vertrauen.

Manchmal sagen Menschen auch nicht die Wahrheit, weil sie sich ihren eigenen Defiziten nicht stellen können, und deshalb versuchen sie, sie nicht nur vor anderen, sondern auch vor sich selbst zu verstecken. Sie sind nicht in der Lage, sich selbst im Spiegel zu betrachten und sich so anzunehmen, wie sie wirklich sind. Daher belügen sie andere, während sie eigentlich versuchen, die Wahrheit vor sich selbst zu verbergen.

Eine Lüge erzeugt Sorge und Angst. Wir haben uns viele Hindernisse in Form von mentalen Giftstoffen in den Weg gelegt. Lügen ist keine einmalige Tat. Lügen infiltriert unsere Gedanken und vergiftet unseren Frieden. Unser Gemütsfrieden wird nicht nur zu dem Zeitpunkt gestört, wenn wir die Lüge erzählen, sondern behindert uns für lange Zeit auf der kurvenreichen Straße, die vor uns liegt.

Falschheit

Ein weiterer Aspekt, von der Wahrheit abzuweichen, ist die Falschheit. Während sich eine Lüge eher auf unsere Worte bezieht, kann sich Falschheit auch in Handlungen zeigen. Dies beinhaltet, dass man Menschen glauben lässt, etwas findet statt, obwohl es in Wirklichkeit nicht der Fall ist.

In der Gesellschaft geben Menschen vor, etwas zu sein, was sie nicht sind. Wir tun alles Mögliche, damit wir besser dastehen, als wir sind.

Vielleicht sind wir gierig, aber wir wollen anderen gegenüber selbstlos erscheinen. Möglicherweise ärgern wir uns leicht, aber wir wollen anderen gegenüber gewaltlos scheinen. Vielleicht wissen wir nicht viel, aber wir wollen intelligent erscheinen. Wir können jemanden täuschen, indem wir vorgeben, eine bestimmte Position in unserem Unternehmen innezuhaben, obwohl dies in Wirklichkeit nicht der Fall ist.

Falschheit kann schädlich werden, wenn wir von anderen unter Vorspiegelung falscher Tatsachen etwas nehmen. Im finanziellen Bereich beispielsweise bedeutet Falschheit, dass wir jemandem etwas verkaufen und diese Person glauben lassen, es sei wertvoller, als es tatsächlich ist, dass wir einen unfairen Preis verlangen oder etwas verkaufen und nicht vorhaben, es zu liefern. Ein Einzelhändler kann Ware scheinbar ehrlich verkaufen, aber im Geheimen die Kunden mit minderwertiger Qualität oder überhöhten Preisen täuschen.

Wenn die betrogene Person es herausfindet, verliert sie das Vertrauen zu uns. Es ist schwierig, einmal verlorenes Vertrauen zurückzugewinnen. Dafür müssen wir hart arbeiten. Möglicherweise betrachtet man uns als Lügner oder Betrüger. Dann ist unser Wort nichts mehr wert.

Falschheit verunreinigt unser Denken. Sie bringt uns dazu, unsere Täuschung zu planen und anderen immer wieder dieselbe falsche Geschichte aufzutischen, die sie glauben sollen. Es bedarf beträchtlicher mentaler Energie, jemanden zu täuschen, etwas zu verheimlichen und besorgt zu sein, erwischt zu werden.

Aufrichtig darüber zu sein, wer wir sind und was wir tun, ist leichter als zu täuschen. Wenn wir ehrlich sind, verdienen wir den Respekt anderer. Dann werden sie uns glauben, weil sie wissen, dass wir die Tugend der Wahrhaftigkeit besitzen.

Heuchelei

Wenn wir heucheln, täuschen wir etwas vor und lassen andere glauben, dass wir das Richtige tun. In Wirklichkeit tun wir genau das, was wir anderen vorwerfen. Das sehen wir möglicherweise zuhause, wenn ein

Elternteil einem Jugendlichen aufträgt, er oder sie solle keinen Alkohol trinken oder berauschende Drogen nehmen, aber der Vater oder die Mutter handelt selbst anders. Das Kind sieht diese Heuchelei und neigt dann dazu, den Eltern nicht zu glauben. Die Botschaft an das Kind ist: Gehorche den Worten deiner Eltern nicht, sondern folge stattdessen dem Beispiel der Eltern. Dadurch entwickeln die Kinder schlechte Gewohnheiten.

Wir beobachten, dass Menschen in Machtpositionen allen anderen sagen, wie sie sich zu verhalten haben, aber selbst nicht danach handeln. Sie stellen Regeln auf, brechen sie allerdings selbst. Dies führt zu Misstrauen und Nichteinhalten der Vorschriften. Unsere Gedanken füllen sich mit dem Toxin der Heuchelei, wenn wir damit beschäftigt sind, anderen zu sagen, was sie zu tun haben, aber selbst nicht nach dem handeln, was wir predigen.

Sind unsere Gedanken mit diesen Giftstoffen des Lügens, Misstrauens oder der Heuchelei beschäftigt, stört es unsere innere Ruhe.

Übung: Hast du jemals gelogen, getäuscht oder geheuchelt? Wenn ja, wie viel mentale Energie war nötig, um die Wahrheit zu verbergen? Inwiefern haben dich solche Gedanken daran gehindert, friedvoll zu sein?

Das Gegenmittel der Wahrhaftigkeit

Wahrhaftigkeit bedeutet, dass unsere Gedanken, Worte und Taten übereinstimmen. Wenn wir gute Gedanken haben, werden auch unsere Worte und Taten gut sein. Was nützt es, gute Gedanken zu haben, wenn die Worte und Handlungen das nicht widerspiegeln? Statt darüber zu sprechen, wie tugendreich wir sind, sollten wir lieber nach den Tugenden leben. Anstatt über unsere Wahrheitsliebe zu sprechen, sollten wir Wahrhaftigkeit in unserem Leben umsetzen. Statt darüber zu sprechen, wie gewaltlos wir sind, ist es besser, gewaltlos zu leben.

Wenn wir einen Arzt aufsuchen, vor ihm aber unsere wahren Symptome verbergen, wie kann er uns dann helfen? Der Arzt kann Symptome nicht behandeln, von denen er nichts weiß. Wir müssen dem Arzt sagen, wie wir uns fühlen, damit die richtige Behandlung durchgeführt werden kann.

Dasselbe gilt, wenn wir unsere Gedanken und Gefühle von Falschheit, wie Lügen, Täuschung und Heuchelei, reinigen wollen. Wir können uns objektiv betrachten. Wenn wir unsere Probleme in diesem Bereich nicht auflisten, können wir uns am nächsten Tag nicht verbessern. Wir können uns selbst analysieren und entscheiden, welche Gewohnheiten wir ändern wollen.

Meditation kann uns helfen, positive Eigenschaften zu entwickeln. Wenn wir mit unserer inneren Quelle von Stabilität, Frieden und Glück in Verbindung stehen, werden wir furchtlos und haben keine Angst davor zu sein, wer wir sind. Dann können wir wahrhaftig leben und müssen nicht vorgeben, jemand oder etwas zu sein, was wir nicht sind. Wir können positive Eigenschaften in unserem Leben entwickeln, die sich in unseren Gedanken, Worten und Handlungen widerspiegeln.

Wahr zu sich selbst sein

Wahrhaftigkeit umfasst nicht nur den Umgang mit Menschen in unserem Alltag. Sie bedeutet mehr, als unserer Familie, unseren Freunden oder Kollegen die Wahrheit zu sagen. Wahrhaftigkeit betrifft auch unsere Beziehung zu unserem inneren Selbst.

In diesem Zusammenhang gibt es eine alte Geschichte über einen betagten König. Er hatte keine Kinder und begann, sich darüber Sorgen zu machen, wer ihm nachfolgen würde, wenn er diese Welt verließe.

Er rief seine Minister zusammen, um über das Problem nachzudenken. Schließlich schlugen sie ihm eine Lösung vor.

Am nächsten Tag brachten ihm die Minister einen großen Sack mit Samen.

"Herr, wir werden diese Samen nehmen und rösten." Nachdem die Minister das getan hatten, füllten sie die Samen in kleine Säckchen, in denen sich dann jeweils ein paar Samen befanden.

Der König sagte: „Das ist ein ungewöhnlicher Plan. Wie soll mir das helfen, jemanden zu finden, der mein Reich erbt?"

Sie erklärten ihm: „Sendet Eure Boten ins ganze Land und verkündet, dass alle jungen Menschen, seien es Jungen oder Mädchen, in einer Woche von heute an gerechnet in Euren Palast kommen sollen, um Euch zu treffen." Der König stimmte zu, obwohl er immer noch nicht verstand, wie es ihm helfen würde, einen Erben für seinen Thron zu finden.

Eine Woche später versammelte sich die ganze Jugend des Reichs im Hof vor dem Palast.

Die Minister sagten zum König: „Verkündet, dass Ihr einen von ihnen auswählen werdet, König oder Königin zu werden." Als der König dies der Menge verkündete, jubelten die Jungen und Mädchen. Wie aufregend, sich vorzustellen, dass einer oder eine von ihnen künftig über das Land herrschen könnte.

Nachdem die Minister dem König erklärt hatten, wie er den Gewinner oder die Gewinnerin auswählen sollte, erklärte er der Menge: „Jeder von euch wird ein Säckchen mit Samen erhalten. Um am Wettbewerb teilzunehmen, müsst ihr nur Blumen daraus züchten. Die Person mit den schönsten Blumen aus diesen speziellen Samen wird gewinnen."

Die jungen Leute waren glücklich, dass die Aufgabe leicht war. Einer nach dem anderen nahm ein Säckchen mit Samen, die der Herrscher verteilte. Dann gingen sie nach Hause, um ihre Samen einzupflanzen.

Einige Wochen lang stellten sie ihre Töpfe mit den Samen in die Sonne und gossen sie. Aber nach einigen Wochen wuchs noch immer nichts. Sie machten sich alle Sorgen, dass sie nicht das Talent hätten, Blumen zu züchten. Aber niemand wagte es, mit jemand anderem darüber zu sprechen, damit die anderen nicht denken sollten, sie hätten versagt. Jeder wollte unbedingt gewinnen, sodass sie keiner Person erzählen wollten, dass sie nicht einmal einfache Blumen züchten konnten. Sie hatten Angst vor der Blamage und davor, dass der König denken könnte, sie seien Versager.

Als im Königreich angekündigt wurde, es sei an der Zeit, die Blumen zum König zu bringen, damit er beurteilen könnte, welche die schönsten seien, fühlten sich die Teilnehmer am Wettbewerb zuhause sehr unwohl, schämten sich und waren enttäuscht, dass sie nicht gewinnen könnten, da sie keine Blumen hatten.

Als der Tag kam, an dem sie ihre Blumen bringen sollten, formierte sich eine lange Schlange von jungen Menschen vor dem König. Dieser stand mit den Ministern da und begutachtete, was jeder Einzelne ihm gebracht hatte. Einer nach dem anderen präsentierte wunderschöne Blumen.

Der König sah die Minister an, die auch schockiert waren.

„Wie ist das möglich?", fragte der König seine Helfer.

„Wir wissen es nicht, Sir."

Jeder einzelne Teenager hatte ihm eine Blume gezeigt. Der König hatte einen enttäuschten Blick.

Er nahm die Minister beiseite und sagte: „Ich möchte jemanden mit ethischen Qualitäten als Erben für meinen Thron, damit ihr nach mir eine gute Führung habt. Aber seht euch alle diese Jungen und Mädchen an. Es fehlt ihnen an Tugend."

Als der Herrscher den Wettbewerb beenden wollte, kam ein Mädchen atemlos in den Hof gelaufen.

Der König bat sie, nach vorn zu kommen. Demütig kam sie näher und zog einen leeren Blumentopf heraus.

Der König fragte: „Warum kommst du mit einem leeren Blumentopf, wenn ich euch doch alle gebeten habe, Blumen mitzubringen, damit ich sehen kann, welche die schönste ist?"

Sie sagte: „Ich habe mein Bestes gegeben, um aus den Samen, die du mir gegeben hast, Blumen zu züchten. Ich habe sie in die Erde gesteckt, in die Sonne gestellt und täglich gegossen. Aber leider wuchs nichts. Bitte sei mir nicht böse."

Der König lächelte freundlich und tätschelte dem Mädchen den Kopf.

Dann bat er alle versammelten jungen Menschen, sich hinzusetzen, und sagte: „Ich bin bereit, den Gewinner des Wettbewerbs bekanntzugeben, der mein Reich erben wird."

Alle saßen erwartungsvoll da und hofften, sie seien die auserwählte Person.

Der König sagte: „Die Gewinnerin ist dieses Mädchen, das zu spät gekommen ist."

Das führte zu einem großen Aufruhr, alle schrien und brüllten.

„Wie kannst Du sie auswählen?" fragten sie alle gemeinsam. „Sie hat nicht einmal eine Blume gezüchtet."

Der König sagte: „Ja, und genau deshalb hat sie gewonnen. Ich habe die Samen absichtlich rösten lassen, damit sie nicht sprießen konnten. Ich wollte sehen, wer von euch ehrlich genug sein würde, mit leeren Händen zu kommen und zu erklären, dass die Samen, die ich euch gegeben hatte, nicht wuchsen. Aber stattdessen habt ihr alle versucht, zu täuschen und mich zu belügen, indem ihr eine Blume von irgendwo anders her mitgebracht und so getan habt, als ob ihr sie aus diesen Samen gezüchtet hättet. Sie war die Einzige, die versuchte, die Blumen zu züchten, und als sie nicht wuchsen, besaß sie die Aufrichtigkeit, mir die Wahrheit zu sagen. Sie ist die Einzige, die über die Eigenschaft der Wahrhaftigkeit verfügt, die ich für die Person wünsche, die meine Arbeit fortführen wird. Wahrhaftigkeit ist eine edle Tugend. Aus diesem Grund werde ich sie zu meiner Nachfolgerin machen."

Diese Geschichte zeigt deutlich, was geschieht, wenn wir uns auf Falschheit einlassen, und dies schließt Lügen, Täuschung und Heuchelei ein. Wenn es jemand herausfindet, vertraut er uns nicht mehr. Gelegentlich haben wir vielleicht den Eindruck, wir kämen mit Lügen durch, aber wir können sie nicht vor unserem inneren Selbst verbergen. Wenn wir diese einfache Tatsache verstehen können, werden wir eher geneigt sein, unser Leben ehrlich, rechtschaffen und aufrichtig zu führen.

Aufrichtigkeit führt zu Frieden

Wenn wir uns selbst prüfen, können wir sehen, wie viel Zeit wir damit verbringen, unsere Unwahrheiten zurückzuverfolgen oder zu verschleiern. Wir können versuchen, offen und aufrichtig zu sein, und dann analysieren, ob es uns näher zu Frieden und Glück führt.

Wenn wir erkennen, wie wir uns ändern wollen, können wir unsere Fehler korrigieren. Wenn wir aber versuchen, vor unserem eigenen Selbst zu verstecken, was wir gedacht, gesagt oder getan haben, können wir unsere Unzulänglichkeiten nicht ablegen. Wir können sie nur beseitigen, wenn wir sie erkennen und Schritte unternehmen, um etwas zu ändern. Dann können diese Fehler ausgelöscht werden. Aber wenn wir sie sogar vor uns selbst verbergen, wie können wir sie dann entfernen? Aufrichtigkeit unserem wahren Selbst gegenüber bringt zahlreiche Vorteile. Wenn wir erkennen, auf welche Weise wir uns in das Toxin der Falschheit verstricken, können wir daran arbeiten, es zu entfernen.

Meditation als Mittel, um das Toxin der Falschheit zu beseitigen

Eine Möglichkeit, Wahrhaftigkeit zu entwickeln, ist Meditation. Je mehr wir meditieren, desto mehr sind wir mit der Wahrheit unseres inneren Selbsts verbunden. Unser inneres Selbst lebt in der Wahrheit. Nur das Ego spielt das Spiel der Täuschung und Unwahrheit. Je mehr wir uns mit der Wahrheit identifizieren, desto ruhiger wird unser Leben.

In der Geschichte gibt es ein Beispiel, wie man die Tugend der Wahrheit praktizieren kann. Mahatma Gandhi schätzte Wahrhaftigkeit. Während der Zeit des gewaltlosen Widerstandes, in der er sich für die Unabhängigkeit Indiens einsetzte, wurde er verhaftet und ins Gefängnis gebracht. Eine der Regeln in diesem Gefängnis war, dass die Gefangenen keine Zeitungen oder Nachrichten von der Welt draußen erhalten dürfen.

Eines Tages kam ein Arzt, der mit Gandhi Ji befreundet war, zu ihm zu Besuch ins Gefängnis. Er brachte Neuigkeiten über die Situation der gewaltlosen Bewegung mit, von denen er dachte, dass Gandhi sie kennen sollte. Da er die Regel, wonach Gefangene keine Nachrichten von der Welt außerhalb des Gefängnisses erhalten durften, kannte, holte der Arzt, der eine Zeitung mitgebracht hatte, einige Papiere heraus und legte sie auf Gandhis Pritsche in seiner Gefängniszelle. Der Arzt sprach dann mit Gandhi über seine Gesundheit und sein Wohlbefinden. Als es an der Zeit war zu gehen, packte der Arzt alle Papiere, die auf der Pritsche lagen, wieder ein, ließ aber die Zeitung liegen. Dann ging er fort. Als Gandhi die Zeitung liegen sah, weigerte er sich, sie zu lesen. Er war tatsächlich so ehrlich, dass er die Gefängnisregeln nicht brechen wollte, und sah die Zeitung nicht einmal an. Stattdessen kehrte Gandhi der Zeitung auf dem Bett seinen Rücken zu und blieb die ganze Nacht in dieser Position, die der Ecke der Zelle zugewandt war. Die ganze Nacht blieb er sitzen, das Gesicht der Ecke zugewandt, sodass er die Zeitung weder sah noch berührte.

Am nächsten Morgen kam der Arzt wieder, um Gandhi zu besuchen. Als er die Zeitung auf der Pritsche an derselben Stelle liegen sah, wo er sie am Abend zuvor hatte liegen lassen, entschuldigte er sich und sagte: „Es tut mir leid, ich ließ die Zeitung versehentlich hier."

Ein Lächeln glitt über Mahatma Gandhis Gesicht und er antwortete: „Ja, aber du hast mich dazu verurteilt, die ganze Nacht in einer Ecke zu verbringen."

Gandhi war so aufrichtig, dass er, obwohl niemand ihn die Zeitung lesen sehen würde, nicht unehrlich sein wollte, denn er war sich bewusst, dass er ansonsten sein Versprechen brechen würde, die Gefängnisregeln während seiner Anwesenheit zu befolgen. Wie viele von uns leben derart aufrichtig?

Wir erkennen nicht, dass wir vielleicht vor anderen verbergen können, was wir tun, nicht aber vor unserem inneren Selbst. Wir müssen mit den Früchten unserer Taten leben. Die Tugend der Aufrichtigkeit ist ein Teil unseres Wesens. Wenn wir die Wahl zwischen Aufrichtigkeit und Unaufrichtigkeit haben, können wir entweder unserer Seele oder unserem Ego gehorchen. Das Ego verleitet uns zu vielen Entschuldigungen, um unaufrichtig zu sein. Es hat tausend Gründe, warum wir lügen, betrügen, stehlen oder andere täuschen sollten. Aber unsere Seele kennt nur Aufrichtigkeit.

Wenn wir die Toxine, die uns verunreinigen, entfernen, identifizieren wir uns mit unserer Seele. Ist es das wert, uns selbst Frieden und Freude zu versagen, indem wir eine kleine Lüge erzählen oder unehrlich handeln? Das bisschen Geld, das wir gewinnen, wenn wir andere täuschen oder betrügen, ist die Verzögerung nicht wert, die wir selbst verursachen, um andauernden Frieden zu erreichen und spirituelle Reichtümer im Inneren zu erfahren. Diese Schätze sind ewig und werden ständig bei uns bleiben.

Wahrhaftigkeit ist ein Zeichen von Mut

Wahrhaftigkeit bedeutet, mit den eigenen Gedanken, Worten und Taten in Einklang zu sein. Oft denken wir etwas, sagen aber etwas anderes. Oder wir sagen etwas und handeln anders. Oder wir denken das eine und tun etwas anderes.

Mangel an Wahrhaftigkeit hat mit Angst zu tun. Wir haben vor etwas oder jemandem Angst, und deshalb verbergen wir unsere wahren Gedanken. Unsere Handlungen spiegeln nicht unsere Gedanken oder Worte wider. Manchmal sind es unsere Worte, die unsere Gedanken und Handlungen nicht widerspiegeln.

Wenn wir Angst haben, müssen wir Mut fassen. Mangel an Mut, für unsere Überzeugung einzustehen, führt dazu, dass wir uns verstecken. Aufrichtigkeit ist ein Zeichen von Stärke, wohingegen Unaufrichtigkeit ein Symptom der Angst ist.

Wenn wir meditieren und uns mit unserem inneren Selbst verbinden, entdecken wir, dass es keine Angst kennt. Dieser innere Wesenskern ist eins mit der Wahrheit. Wir kommen in Kontakt mit der Kraft, die alles erschaffen hat und selbst furchtlos ist. Wenn wir uns mit dieser inneren Kraft identifizieren, werden auch wir furchtlos. Dann entwickeln wir den Mut, die Wahrheit zu sagen und zu leben. Die Menschen werden uns und unsere Worte achten, weil sie wissen, dass man uns vertrauen kann. Wenn wir die Eigenschaft der Wahrhaftigkeit entwickeln, werden wir positive Veränderungen in unserem Leben feststellen.

Wir erkennen, dass andere uns respektieren, wenn wir wahrhaftig sind. Sogar wenn wir ehrlich zugeben, was wir gedacht, getan oder zu anderen gesagt haben, und es ihnen nicht gefällt oder wenn wir einen Fehler eingestehen, ernten wir ihren Respekt, weil wir den Mut hatten, etwas auszusprechen und unser Scheitern zuzugeben. Vielleicht gefällt ihnen nicht, was wir getan haben, aber sie respektieren unsere Aufrichtigkeit. Am Ende werden sich viele Menschen an uns wenden, weil sie wissen, dass sie uns vertrauen können.

Wenn wir das eine sagen, aber das andere tun, verlieren wir das Vertrauen der anderen Menschen. Sie respektieren uns nicht mehr. Die Wahrheit auszusprechen, ist eine Eigenschaft derer, die wissen, dass sie sich vor ihrem wahren Selbst nicht verstecken können. Sie haben das Gefühl, dass sie sich vielleicht vor anderen verbergen können, aber sie wissen, wer und was sie sind und dass sie sich nicht vor sich selbst verstecken können.

Die folgende Anekdote veranschaulicht den Wert von Wahrhaftigkeit. Es gab einen Heiligen, der die Gewohnheit hatte, jeden Morgen um vier Uhr aufzustehen und zu meditieren. Der Heilige besaß ein Pferd, das er nachts in einem offenen Stall ankettete, damit es nicht weglaufen und niemand es stehlen konnte.

Eines Nachts schlich ein Dieb in den Stall, um das Pferd zu stehlen. Er strengte sich sehr an, um die Ketten vorne zu lösen. Dann entdeckte er, dass das Pferd auch hinten angekettet war, und so machte er sich daran, die hinteren Ketten zu lösen. Aber er stellte fest, dass das Pferd vorne wieder angekettet war. Er konnte seinen Augen nicht trauen. Immer wenn er die vorderen Ketten löste, war das Pferd hinten wieder angekettet. Die ganze Nacht bemühte er sich, die Ketten auf beiden Seiten zu lösen, aber ohne Erfolg.

Um vier Uhr morgens wachte der Heilige auf und hörte Unruhe im Stall. Er ging hinaus und sah den Mann, der bei seinem Pferd stand.

Der Heilige fragte: „Wer bist du?"

Der Mann erkannte, dass er einen Menschen bestehlen wollte, der als Heiliger bekannt war. Da er wusste, dass ein Heiliger alles weiß, antwortete er ganz ehrlich: „Ich bin ein Dieb."

Der Heilige fragte: „Was tust du hier?"

Der Mann sagte: „Ich bin gekommen, um dein Pferd zu stehlen. Aber es ist seltsam. Wenn ich das Pferd vorne losmache, ist es hinten angekettet. Wenn ich die hinteren Ketten löse, ist es vorne wieder angebunden. Das verwirrt mich. Was geschieht da?"

Der Heilige war amüsiert und beeindruckt von der Ehrlichkeit des Diebes. Der Mann erfand keine Geschichte, warum er da war. Er sagte offen, dass er gekommen war, um das Pferd zu stehlen.

Der Heilige fand es erfrischend, jemanden zu treffen, der ehrlich war. Die meisten von denen, die als Schüler zu ihm kamen, verbargen die Wahrheit häufig vor ihm, wenn er ihnen Fragen stellte. Er fragte sich, welches Vertrauen seine Schüler hatten, wenn sie ihn nicht einmal für allwissend hielten. Wenn sie meinten, sie könnten ihn täuschen, was für eine Art von Vertrauen hatten sie in ihn und seine Einheit mit der Allwissenheit des Schöpfers? Doch hier stand ein Mann, der nicht einmal sein Schüler war und ehrlich zu ihm war.

Der Heilige sagte: „Ich freue mich über deine Aufrichtigkeit und dein offenes Geständnis. Weil du so aufrichtig bist, was ich erfrischend finde, werde ich dir das Pferd geben." Der Dieb war dankbar und schätzte die Barmherzigkeit und das Mitgefühl des Heiligen. Er gelobte, sein Leben als Dieb aufzugeben und ein Heiliger zu werden.

Am nächsten Tag kamen einige Dorfbewohner zum Heiligen.

Die Leute sagten zum Heiligen: „Wir haben unseren Pfarrer verloren und brauchen einen neuen. Kannst du jemand vorschlagen, der ein ethisches Leben führt und auch uns inspirieren kann, ein gottgefälliges Leben zu führen?"

Der Heilige ging in Gedanken alle Dorfbewohner durch und erkannte, dass keiner die ethischen Eigenschaften besaß, um für die Gemeinde ein geeignetes Vorbild zu sein. Irgendwann war jeder unaufrichtig gewesen. Schließlich sagte der Heilige: „Ich habe genau die richtige Person für euch." Der Heilige rief den Dieb, der sich im Stall mit seinem neuen Pferd ausruhte.

Er wandte sich an die Dorfbewohner und sagte: „Er wird euer neuer Pfarrer sein. Er ist der ehrlichste Mensch, den ich getroffen habe, und kann die übrigen von euch inspirieren, ehrlich zu sein." Dann schickte der Heilige den Dieb auf dem Pferd ins Dorf, um dort als neuer Pfarrer zu tätig zu werden.

Diese Geschichte veranschaulicht, dass der Dieb, obgleich er natürlich unehrlich war, weil er etwas von anderen Menschen nahm, in seinem innersten Herzen zumindest in Bezug auf das, was er tat und war, ehrlich war. Der Heilige wusste, dass er den Dieb inspirieren konnte, seine äußeren Gewohnheiten zu ändern und mit dem Stehlen aufzuhören. Aber es ist schwer, jemanden zu ändern, dem es an grundlegenden Werten fehlt. Er wusste, dass die inneren Tugenden des Diebs in Bezug auf Wahrhaftigkeit stark waren. In dieser Hinsicht musste er ihn nicht ändern. Er verfügte bereits über die Eigenschaft der Aufrichtigkeit. So konnte ihn der Heilige von der Gewohnheit des Stehlens abbringen. Als er das einmal getan hatte, konnte der Mann ein tugendhaftes Leben führen. Es ist aber schwierig, jemanden zu stoppen, der zu Unaufrichtigkeit neigt. Es dauert länger, den Charakter zu ändern als Gewohnheiten.

Schwache und ängstliche Menschen mögen unaufrichtig sein. Vielleicht wollen sie nicht, dass jemand sieht, wer sie wirklich sind. Deshalb bauen sie eine falsche Fassade auf, hinter der sie sich verstecken können. Niemand weiß wirklich, wer sie tatsächlich sind.

Wenn wir uns also von Unaufrichtigkeit befreien wollen, müssen wir unsere Wesenszüge betrachten. Wahrhaftigkeit ist eine Eigenschaft unserer Seele. Wenn wir aufrichtig sind, zeigt sich dies in unserer Lebensführung. Wir sind wahrhaftig in unseren Gedanken, Worten und

Handlungen. Unsere Gedanken, Worte und Taten sind in Einklang. Das zeigt, dass wir den Mut haben, für das einzustehen, was und wer wir sind. Wir haben keine Angst mehr. Wenn wir keine Angst davor haben, wer wir sind, warum sollten wir dann vor anderen Angst haben? Man braucht Mut, um aufrichtig zu sein.

Wir können Aufrichtigkeit fördern, wenn wir uns durch Meditation mit unserem inneren Selbst verbinden. Je mehr Zeit wir durch Meditation innen verbringen, desto mehr verbinden wir uns mit der Wahrheit. Wenn wir mit dem inneren Licht und Klang in Verbindung kommen, verbinden wir uns mit einem Ort der Wahrheit. Dann verlieren wir die Angst vor anderen. Wir können kühn und mutig und so sein, wie wir wirklich sind. Wir müssen uns nicht mehr verstecken. Wir können der Welt unser wahres Selbst zeigen. Wenn die Menschen sehen, dass wir genauso denken, wie wir sprechen und handeln, respektieren und vertrauen sie uns. Dann können wir ohne Furcht leben. Wir können unser Leben voller Stärke und Würde führen, da wir aufrichtig leben.

Wir können die Kraft der Wahrhaftigkeit und ihren Einfluss auf unser Leben genau betrachten. Wir können zu den Menschen um uns und zu unserem wahren Selbst im Inneren aufrichtig sein. Wenn wir unsere Gedanken und Gefühle von Falschheit, Lügen und Heuchelei reinigen, werden wir transformiert. Wir können unsere höchsten Ziele im Leben erreichen und Frieden finden.

Übung: Denke über Zeiten in deinem Leben nach, als du nicht aufrichtig warst, und überlege, ob sie deinen inneren Frieden beeinträchtigt haben. Wende die Strategien aus diesem Kapitel an und verbringe Zeit in Meditation, um dich mit deiner inneren Stärke zu verbinden. Überlege, wie Aufrichtigkeit in denselben Situationen dir vielleicht mehr Frieden geschenkt und deinen Stress reduziert hätte.

ENTGIFTE DEN GEIST

KAPITEL 13

Der Liebreiz von Demut und Bescheidenheit

Das Ego ist ein Toxin, das unser Gemüt mit all seinen Gedanken und Emotionen durchdringt und unseren Zustand der Ruhe stört. Egoismus nimmt viele Formen an. Er lässt uns vielleicht glauben, besser als alle und alles zu sein. Es kann auch bedeuten, dass wir zuerst an uns selbst denken, und dann erst an andere.

Da das Ego sehr subtil ist, sind wir uns vielleicht nicht bewusst, dass wir von ihm vergiftet sind. Egoismus mag harmlos erscheinen, wenn wir beispielsweise meinen, schöner als andere zu sein oder besser auszusehen. Halten wir uns für intelligenter oder gebildeter als andere, kann dies dazu führen, dass wir auf jene herabblicken, die nicht so klug sind, wie wir zu sein glauben. Wir fühlen uns vielleicht stärker, fitter, talentierter oder fähiger als andere. Unsere finanzielle Situation vermittelt uns möglicherweise ein Gefühl der Überlegenheit gegenüber denen, die weniger besitzen. Wir können auch stolz auf Namen, Ruf, Macht oder Rang sein. So mögen wir zum Beispiel glauben, dass wir eine höhere oder mächtigere Position als andere innehaben sollten. Diese Liste lässt sich beliebig fortsetzen.

Was als Gedanke beginnt, kann zu Worten und Taten ausarten, die andere verletzen. Selbstsucht färbt auf unser Verhalten ab. Sie bewirkt, dass wir andere in Gedanken, Worten und Taten verletzen. In uns Gedanken zu hegen, dass wir besser wären als andere, ist das eine, doch wenn sie sich in unseren Worten und Handlungen zeigen, schaffen wir mehr Probleme für uns selbst und andere.

Beziehungen leiden, wenn wir selbstsüchtig handeln. Sobald wir andere verletzen, kommen früher oder später Reaktionen zu uns zurück und verursachen wiederum Leid für uns. Wenn wir bewirken, dass andere sich schlecht fühlen, zahlen sie es uns womöglich zurück. Ein Kreislauf setzt ein. Was als einzelner egoistischer Gedanke begann, kehrt bald wie ein Bumerang zu uns zurück. Dadurch leiden wir unter den Reaktionen anderer als Antwort auf unser Verhalten, sodass wir mental und emotional in Aufruhr versetzt werden. Der Zyklus der Negativität wird durch die Flamme des Egoismus, verbunden mit Ärger, weiter angefacht. Menschen, die voller Ego sprechen und handeln, bewirken, dass sich andere vielleicht unterlegen oder verletzt fühlen, Rache planen oder ärgerlich werden. Ego führt dazu, dass wir zu Hause oder in der Arbeit Entscheidungen treffen, die anderen Schmerzen bereiten können.

Unterkategorien von Ego umfassen Stolz auf Besitz, Stolz auf Wissen und Stolz auf Macht. Jede einzelne davon stellt ein Hindernis für inneren Frieden dar. Wir sind mental damit beschäftigt, zu viel über uns selbst nachzudenken.

In den vergangenen Jahrzehnten wurde die Notwendigkeit betont, ein positives Selbstwertgefühl aufzubauen, sodass wir uns selbst gut fühlen. Dennoch besteht ein großer Unterschied zwischen hohem Selbstwertgefühl und Egoismus. Selbstachtung zu haben, wird als gesund betrachtet, weil wir ein positives Gefühl in Bezug auf uns selbst und die Geschenke, die wir im Leben erhalten haben, hegen. Wir sind glücklich, wenn wir ein Ziel anstreben und dann dabei erfolgreich sind. Ein Student, der sehr viel lernt, fühlt sich gut, wenn er eine gute Note erhält. Ein Arzt, der das Leben eines Patienten rettet, ist glücklich, jemandem geholfen zu haben. Diese positiven Gefühle motivieren uns, weiterhin gute Leistungen zu erbringen. Egoistisch zu sein, geht jedoch in einen Bereich hinein, in dem unser positives Gefühl über uns selbst damit gepaart ist, dass wir andere herabsetzen und verletzen, wenn wir sie im Vergleich zu uns für unterlegen halten. Egoismus ist ein Gift, das ausgeleitet werden muss. Es verschmutzt unser Denken und das Umfeld, in dem wir leben.

Das Ego muss beseitigt werden, weil es unserem eigenen Glück im Weg steht. Unser Ego unter Kontrolle zu bringen, ist allerdings eine schwierige Herausforderung. Bei jedem Schritt bieten sich Gelegenheiten, unser Ego aufzublähen. Es gibt einige Gegenmittel, die uns helfen können, unser Ego zu eliminieren, das uns von dauerhaftem Frieden abhält:

- den Liebreiz der Demut zu entwickeln,
- Kritik an unseren Mitmenschen aufzugeben, indem wir in den anderen Gutes finden und
- Dankbarkeit gegenüber dem Schöpfer zum Ausdruck zu bringen.

Im nun folgenden Teil dieses Kapitels werden wir untersuchen, wie uns diese Gegenmittel helfen, unser Gemüt mit all seinen Gedanken und Emotionen vom Ego zu befreien, um inneren Frieden zu erlangen.

Übung: Hast du jemals unter dem Toxin des Egoismus gelitten? Wenn ja, auf welche Weise? In welchem Zusammenhang hattest du das Gefühl, besser als andere zu sein? Wie hat es dir deinen inneren Frieden genommen?

Den Liebreiz der Demut entwickeln

Liebevolle Demut ist ein Gegenmittel, um unser Ego zu beseitigen. Wenn wir mit uns selbst nicht zufrieden sind, geben wir an, um besser als andere dazustehen. Wir schaffen uns eine falsche Identität, im Glauben, großartig zu sein, während die anderen geringer seien als wir.

Meditation kann uns helfen, unseren Egoismus zu überwinden. Wenn wir nach innen gehen, erkennen wir, dass das Licht in uns dasselbe Licht ist, das sich in jeder anderen Person befindet. Wenn wir uns dessen bewusst werden, dass dasselbe Licht alle erleuchtet, hören wir damit auf, uns für besser als die anderen zu halten. Wenn zum Beispiel verschiedene Lampen leuchten, die vom selben Strom gespeist werden, können wir dann behaupten, dass das Licht einer Lampe besser sei als das einer anderen? Alle Lampen werden durch denselben Strom erleuchtet. Genauso ist das Licht, das uns Leben und Bewusstsein verleiht, in jedem Menschen dasselbe. Auch wenn wir uns äußerlich in Form, Größe und Hintergrund unterscheiden, so werden wir doch alle vom selben inneren Licht erhalten.

Demut bedeutet zu erkennen, dass wir alle wichtig sind. Wie die Speichen eines Rades zusammenwirken müssen, um den Wagen vorwärtszubewegen, so müssen auch alle Menschen in Harmonie und synchron zusammenarbeiten, damit das Leben auf diesem Planeten angenehm verläuft. Jede Speiche ist gleichermaßen wichtig.

In diesem Zusammenhang gibt es eine Geschichte über einen Tischler. Er wurde von verschiedenen Haushalten und Unternehmen in seinem Dorf beauftragt, Reparaturen vorzunehmen. Eines Nachts, als er seinen Werkzeugkasten in seinem Schuppen abstellte, hatten die Werkzeuge eine Versammlung und begannen, miteinander zu sprechen.

Der Hammer hatte den Vorsitz über die Versammlung inne. Er hämmerte auf den Tisch, um das Treffen einzuberufen.

Nach wenigen Minuten legten zwei Werkzeuge Protest ein und baten ihn, seinen Vorsitz niederzulegen und zu gehen.

„Warum sollte ich gehen?", fragte er.

„Du machst immer so viel Lärm!", erklärten ihm die anderen.

Der Hammer meinte: „Wenn ich zu laut bin und gehen muss, dann muss auch der Schraubenzieher mit mir gehen."

KAPITEL 13: DER LIEBREIZ VON DEMUT UND BESCHEIDENHEIT

„Warum? Was habe ich gemacht?", fragte der Schraubenzieher.

Der Hammer erklärte: „Du musst dich unentwegt drehen, um die Schraube hineinzuschrauben, damit sie brauchbar wird."

Der Schraubenzieher erklärte: „Wenn du mich wegschickst, dann musst du auch den Hobel entlassen."

Der Hobel erhob Einspruch: „Ich? Ich bin doch so ruhig! Warum wollt ihr mich hinauswerfen?"

Der Schraubenzieher sagte: „Alles, was du machst, besteht nur darin, die Oberfläche abzutragen. Deine ganze Arbeit bezieht sich nur auf die Oberfläche. Du hast keine Tiefe. Du bist nutzlos."

Der Hobel meinte: „Wenn ihr mich feuert, dann müsst ihr auch das Lineal hinausschmeißen."

Das Lineal schrie: „Was, warum mich?"

Der Hobel erklärte: „Du misst immer alle und alles und glaubst dann, dass nur du Recht hast."

Das Lineal meinte: „Nun gut, wenn ihr schon irgendjemanden hinauswerfen müsst, dann macht es mit dem Schleifpapier."

Das Schleifpapier ächzte: „Hey, was ist an mir schon falsch?"

Das Lineal erwiderte: „Du bist zu allen so rau. Du reibst die Menschen immer in der falschen Richtung."

Die ganze Nacht über stritten die Werkzeuge miteinander. Jedes Werkzeug dachte, dass es am wichtigsten sei und dass alle anderen inkompetent wären und Probleme schaffen würden.

Am Morgen ging der Tischler in den Schuppen, um die Werkzeuge mitzunehmen. Er brauchte sie für einen Auftrag, bei dem er eine Bühne errichten sollte, auf der ein Heiliger spirituelle Vorträge halten würde.

Der Tischler setzte jedes einzelne der Werkzeuge ein, um die Bühne aufzubauen. Er verwendete den Hammer, den Schraubenzieher, den Hobel, das Lineal und das Schmirgelpapier dafür. Während der Tischler arbeitete, blieben die Werkzeuge alle stumm.

Am Ende des Tages war die Bühne fertig.

Der Tischler begutachtete die vollendete Arbeit und betrachtete liebevoll die Werkzeuge.

Dann sagte er zu ihnen: „Gute Arbeit! Ihr habt alle zusammengearbeitet, um eine Bühne zu schaffen, von der aus spirituelle Botschaften an das Publikum vermittelt werden können. Wir alle wirken im Dienste Gottes zusammen und sind gleichermaßen wichtig."

Die Botschaft dieser Geschichte lautet, dass wir alle gleich wichtig sind, ungeachtet unserer Fehler und Unzulänglichkeiten. Jeder ist unterschiedlich. Die Menschen denken, handeln und arbeiten verschieden. Sobald wir die Notwendigkeit der Zusammenarbeit erkennen, erheben wir uns über unsere Unterschiede. Wenn für irgendeine Aufgabe viele Hände gebraucht werden, ist es wichtig, alle Unterschiede zu akzeptieren, damit die Aufgabe erfolgreich erledigt werden kann.

Diese Geschichte unterstreicht, wie wichtig es ist, sich über das Ego zu erheben, indem man Demut entwickelt. Jedes Werkzeug hatte das Gefühl, besser als das andere zu sein. Dies beschreibt die egoistische Haltung, unter der die Menschen leiden. Oft haben wir das Gefühl, die Einzigen zu sein, die die richtigen Antworten kennen. Wir glauben vielleicht, klüger und mächtiger als alle anderen zu sein. Wenn wir an einem Projekt arbeiten, haben wir das Gefühl, mehr als die anderen zu wissen.

Wenn Menschen gemeinsam an einem Projekt arbeiten und jeder meint, Recht zu haben, während die anderen im Unrecht sind, ist es schwierig, die Arbeit abzuschließen. Wie bei den Werkzeugen in der Geschichte verschwendet man die Zeit mit Diskussionen über die verschiedenen Standpunkte, die jeder einbringen möchte. Damit verzögern wir die Arbeit. Manchmal kommt sie sogar zum Stillstand, weil man sich nicht darüber einigen kann, wie man alles fertigstellt.

Wenn das Ego die Menschen zu einem Wortgefecht verleitet, kann dies zu Gewalt führen. Anstatt über das jeweilige Thema ruhig zu diskutieren, lassen sich die beteiligten Personen dazu herab, andere zu beschimpfen, zu verleumden, zu kritisieren oder sich verbal oder durch Handlungen zu schaden. Die Stufe der Gewalt in Gedanken, Worten und Taten kann eskalieren und über die ursprüngliche Meinungsverschiedenheit zu einem Projekt hinausgehen. Negative Gedanken über

KAPITEL 13: DER LIEBREIZ VON DEMUT UND BESCHEIDENHEIT

andere zu hegen, kann zu Tratsch oder Verleumdung führen. Es bilden sich Cliquen, bei denen sich eine Gruppe mit einer Person zusammenschließt, und die andere Gruppe mit einer anderen. Auf diese Weise zerfallen Gemeinschaften in Fraktionen. Zwischen einzelnen Ländern bricht vielleicht sogar ein Krieg aus. Zwischen Familien, Gemeinschaften und Nationen entwickeln sich lange währende Fehden, wobei manche hunderte oder sogar tausende Jahre andauern. All dies ist auf das Toxin des Egos zurückzuführen.

Keiner möchte gerne mit anderen an einem Projekt arbeiten und aufgebracht nach Hause kommen. Alle möchten Harmonie erfahren. Wenn wir aber stattdessen in unserem Ego gefangen sind, verschließen wir uns dem inneren Glück, das zu uns strömt, um uns zu erfüllen. Wir blockieren den Nektar der spirituellen Liebe, wenn wir nicht im Geiste der Demut mit anderen zusammenwirken.

Die Erzählung über den Tischler und seine Werkzeuge endet damit, dass alle Werkzeuge trotz ihrer Unterschiede zusammenwirken, um eine Bühne zu errichten, von der aus positive Botschaften an die Menschen gehen. Wir sind alle wie Zahnräder in einem Rad, das sich auf eine strahlende Zukunft zubewegt. Wir alle können einen Teil dazu beitragen, diese Welt zu einem besseren Ort zu machen. Über Demut kann Friede jedes menschliche Herz erreichen. Wir können nicht zulassen, dass dieses edle Ziel durch nicht erledigte Projekte auf der Strecke bleibt, weil sich die Menschen auf ihr Ego, ihre Selbstsucht oder ihre negativen Gedanken konzentrieren. Wenn wir demütig zusammenarbeiten, können wir die Früchte von Frieden und Liebe genießen. Dann können wir diese an andere weitergeben - zu unserem eigenen Nutzen und zum Nutzen der Welt.

Durch Meditation auf das innere Licht und den inneren Klang erkennen wir, dass die lebenspendende Kraft in uns ein Geschenk ist, das wir alle erhalten haben. Unser Leben, unsere Talente und Fähigkeiten sind Segnungen. Wir können unsere Talente durch harte und konzentrierte Arbeit entwickeln, aber unser ureigenstes Wesen ist nicht unser eigener Verdienst. Diese geistige Einstellung in der Erkenntnis, dass das, was wir erhalten, ein Segen ist, bringt Demut mit sich. Trotz unseres Selbstwertgefühls können wir kennen, dass auch andere begnadet und talentiert sind.

Wenn wir das Gute in allen erkennen, schätzen und respektieren wir sie. Wir werden uns nicht über sie stellen und sie als minderwertig abstempeln. Wenn wir unsere Talente entfalten und zur Perfektion bringen, bedeutet Demut, dass wir uns nicht aufblähen und angeben oder anderen ein schlechtes Gefühl vermitteln. Wenn wir genetisch bedingt mit bestimmten Fähigkeiten zur Welt kommen oder diese nähren und entwickeln, bedeutet Demut, nicht selbstsüchtig zu sein und sich über andere zu stellen. Wir können wertschätzen, was wir erhalten haben, und den besten Gebrauch davon machen.

Durch Meditation legen wir die Vorstellung ab, besser als alle anderen zu sein, und werden stattdessen dankbar. Als Ergebnis sind wir liebevoll und gütig zu anderen. Unser ganzes äußeres Leben wird von Sanftmut gekennzeichnet sein.

Das Gute in anderen sehen

Manche Menschen stellen sich selbst so dar, als wüssten sie mehr als alle anderen. Sie haben das Gefühl, mehr als ihre Vorgesetzen, Professoren oder Trainer zu wissen. Dies bringt das mentale Toxin der Kritik an anderen hervor. Gedanken tragen Schwingungen in sich, die weit über die Begrenzungen unseres Kopfes hinausreichen. Selbst innerhalb des Gehirns werden die Schwingungen der Gedanken nicht direkt von einem Neuron zum anderen weitergeleitet. Sie überspringen einen Zwischenraum zwischen den Neuronen, die sogenannte Synapse. Dieser Zwischenraum beweist, dass Gedanken über einen nicht physischen Raum übertragen werden. Wenn sie im Gehirn auf diese Weise reisen, dann können wir uns vorstellen, dass unsere Gedanken auch unsere physischen Grenzen, unseren Kopf bzw. unseren Körper, überschreiten können. Die Wissenschaft beginnt nun zu beweisen, was Heilige in allen

Zeitaltern über die Gedanken gesagt haben: Diese haben eine Wirkung, sodass sie zum Zielobjekt reisen können. Wenn wir daher an jemanden denken, machen sich diese Gedanken auf die Reise und können eine Auswirkung auf den Gemütszustand des Empfängers haben. Wir wissen, wenn man ein Rundfunkprogramm bzw. eine Sendung in einem bestimmten Teil der Welt überträgt, kann sie von Menschen in der ganzen Welt gesehen und gehört werden. Radio- und Lichtwellen reisen und überschreiten dabei die Grenzen physischer Materie zwischen Überträger und Empfänger. Genauso haben die Gedanken eine weitreichende Wirkung, die nicht auf den Kopf bzw. das Gehirn beschränkt ist.

Wir müssen lernen, die Kraft unserer Gedanken zu trainieren und zu zähmen. Wir sind die Sender. Wir können wählen, welche Gedanken wir in die Welt hinausschicken möchten. Gleichzeitig sind wir Empfänger unserer Gedanken. Diese erreichen nicht nur die anderen, sondern kehren auch wie ein Bumerang zu uns zurück. Wie ein Kieselstein im Wasser Wellenbewegungen auslöst, so beeinflussen diese Wellen auch die Eintrittsstelle des Steins in das Wasser. Nichts lebt in einem Vakuum. Die Gedanken, die wir aussenden, haben also eine Rückwirkung auf uns. Wenn wir beschließen, Pfeile zorniger Gedanken abzuschießen, kehrt die Wirkung des Zorns letztlich zum Bogenschützen zurück, der sie ausgesendet hat – zu uns selbst. Wenn wir uns entscheiden, liebevolle Gedanken auszuschicken, werden wir als Schützen die Nutznießer sein. Es liegt an uns zu wählen, ob wir ein aufgewühltes Gemüt oder Gemütsfrieden bevorzugen.

Eine gängige Angewohnheit unseres Egos besteht darin, kritische Gedanken gegenüber anderen auszusenden. Wir meinen, dass wir es richtig machen oder die richtigen Antworten geben können, während andere falsch liegen oder nicht so gut sind wie wir. Wir finden bei allen Fehlern. Dies versetzt unseren Gemütszustand in eine Abwärtsspirale. Anstatt uns auf unsere eigenen Aufgaben zu konzentrieren, sind wir damit beschäftigt, uns über das zu beschweren, was andere tun.

Es besteht ein Unterschied zwischen wohlgemeinter konstruktiver Kritik, um anderen zu helfen oder eine Aufgabe besser zu erfüllen, und einer Kritik, die dazu gedacht ist, andere klein zu machen oder ihnen ein schlechtes Gefühl zu vermitteln, und daher zu keinem positiven Ergebnis führt. Kritik wird zu einem Toxin, das unsere Gedanken ständig auf Negatives lenkt. Damit verwickeln wir uns selbst in einen Stresszustand. Meditation kann uns helfen, negative Kritik zu überwinden. Wenn wir ruhig und von innerer Liebe und Frieden erfüllt sind, sind wir sanftmütig. Wir teilen unseren Standpunkt mit, um eine Situation auf liebevolle Weise zu verbessern, sodass sich andere nicht schlecht fühlen oder Beziehungen nicht in die Brüche gehen. Positive Vorschläge zu machen, ermutigt die Menschen zuzuhören. Sie vertrauen darauf, dass wir nicht die Absicht haben, sie zu verletzen. Sie sind eher geneigt, uns zuzuhören, und nehmen damit unsere Vorschläge an. Meditation befähigt uns, ruhig zu sprechen, während wir konstruktive Kritik üben.

Man denke an Eltern und ein Kind. Auch wenn das Kind den Eltern gegenüber Widerstand leistet, weil sie ihm mitteilen, wie es sich zu verhalten hat oder was es zum eigenen Vorteil tun muss, so weiß das Kind im Herzen, dass die Eltern Liebe für es haben. Das Kind mag vielleicht rebellieren, ihm ist aber letzten Endes bewusst, dass die Eltern nur seine Vorteile im Sinn haben. Auf ähnliche Weise beruhigt uns die Meditation, sodass die anderen wissen, dass wir es mit ihnen im Herzen gut meinen und dass der Ratschlag, den wir Ihnen anbieten, nur dazu gedacht ist, die Situation zu verbessern oder den anderen zu helfen, etwas besser zu machen.

Wenn alle meditieren würden, gäbe es mehr Harmonie zu Hause, bei der Arbeit und in der Gemeinschaft. Die Menschen würden lernen, auf ruhige Art und Weise konstruktive Kritik zu üben, um das Leben der anderen zu verbessern und die Welt zu einem friedlicheren Ort zu machen.

In diesem Zusammenhang gibt es eine humorvolle Geschichte über einen Vater, der seinen Sohn in die Stadt mitnahm, um dort bestimmte

KAPITEL 13: DER LIEBREIZ VON DEMUT UND BESCHEIDENHEIT

Einkäufe zu erledigen. Während der Fahrt wurde der Vater von einem anderen Wagen von der Fahrbahn abgedrängt, sodass der Vater aus dem Fenster schrie: „Du Idiot!"

Als sie ein wenig weiterfuhren, hielt das Auto vor ihnen plötzlich ohne Grund an, sodass der Vater erneut schrie: „Idiot!"

Wieder einige Kilometer weiter hielt das Auto vor ihnen an der Ampel bei Gelb, anstatt noch durchzufahren, und der Vater rief zum wiederholten Mal: „Du Idiot!"

Während der gesamten Fahrt bezeichnete der Vater noch fünf andere Fahrer als Idioten.

Zu Hause angelangt, nahm der Junge ein Mittagessen ein. Dann brachte ihn die Mutter in die Stadt zu einigen Terminen. Die Fahrt war still und ruhig. Die Mutter lenkte das Auto friedvoll zur Verabredung und sagte niemals irgendetwas über irgendeinen anderen Fahrer.

Als sie am Ort ihres Termins ankamen, wandte sich der Junge an die Mutter und fragte: „Mama, wo sind alle Idioten hingekommen?"

Die Mutter antwortete: „Was meinst du?"

Der Junge erklärte: „Als ich diesen Morgen mit Papa unterwegs war, waren nahezu die Hälfte aller Fahrer Idioten, aber heute am Nachmittag gab es keinen einzigen. Fahren die Idioten nur am Morgen? Wo sind sie alle geblieben?"

Diese Geschichte beschreibt, welchen Unterschied es macht, ob man beständig in Aufregung und Ärger lebt oder andererseits eine friedliche Gemütsverfassung im Alltag bewahrt. Der Junge war unter beiden Umständen derselbe. Das Auto war dasselbe. Die Straßen waren dieselben. Was machte nun die Erfahrung des Jungen am Morgen anders gegenüber der Erfahrung am Nachmittag? Der wesentliche Unterschied bestand in der Gemütsverfassung des Fahrers. Der Vater befand sich ununterbrochen in einem Zustand der Aufregung. Daher ließ ihn jeder Fehler, den er bei anderen Fahrern auf der Straße wahrnahm, in Zorn ausbrechen. Es wird immer wieder vorkommen, dass einem auf der Straße die Vorfahrt genommen wird, dass andere riskant fahren oder uns überholen. Wenn wir beschließen, uns darauf zu konzentrieren, werden wir innerlich aufgebracht sein. Andererseits blieb die Mutter in einem friedvollen Zustand und im Gleichgewicht. Sie erlebte, wie andere Fahrer dasselbe auf der Straße machten, ignorierte aber ihr Verhalten und begegnete daher niemals Personen, die ihr Gatte als Idioten bezeichnet hätte. Aus diesem Grund fragte sie der Junge, wo alle Idioten geblieben waren.

Den ganzen Tag über begegnen wir Menschen. Zu Hause, wenn wir am Morgen aufwachen, auf dem Weg zur Arbeit, in der Arbeit oder beim Einkaufen treffen wir auf andere. Im Verkehr regen wir uns auf. Wir sind aufgebracht über das, was in der Welt vor sich geht und was wir über Internet, soziale Medien, Zeitungen, Radio oder Fernsehen erfahren. Wir werden von Neuigkeiten über andere aus nah und fern bombardiert. Wie wir auf all diese Reize reagieren, ist eine Entscheidung, die wir treffen können.

Wenn wir wählen, andere zu kritisieren, führt dies dazu, dass wir selbst mental aufgebracht sind. Wir werden von den Gedanken anderer abgelenkt sein. Dies beeinträchtigt uns nicht nur auf intellektueller und emotionaler Ebene, sondern auch körperlich.

Wenn wir uns andererseits dafür entscheiden, das Verhalten anderer zu ignorieren, wird es unseren Gemütszustand nicht beeinflussen. Wir können die Handlungen der anderen beobachten und zur Kenntnis nehmen. Wir können auch selbst zur Tat schreiten und Probleme bereinigen oder ignorieren. Wir können wählen, friedvolle Gedanken zu hegen und ruhig zu bleiben.

Sportfans wissen, wie leidenschaftlich man sein kann, wenn das eigene Team eine Meisterschaft gewinnt. Wenn wir uns ein Spiel ansehen, können wir uns sehr aufregen. Bei einem schlechten Spiel schreien wir vielleicht sogar den Fernseher an. Diese Aufregung, wenn wir unser Team verlieren sehen, dauert nicht nur einige Augenblicke, es gibt vielmehr Fans, die lange Zeit nicht über die Niederlage hinwegkommen. Sie sind am Boden zerstört, weil sie sich dafür entschieden haben, aufgebracht zu sein.

KAPITEL 13: DER LIEBREIZ VON DEMUT UND BESCHEIDENHEIT

Wenn wir hingegen ein Spiel mit zwei Teams beobachten, die uns nicht besonders am Herzen liegen, können wir zusehen, ärgern uns aber nicht über das Geschehen. Wir lassen nicht zu, dass dieses unsere Gedanken beeinträchtigt. Wir kritisieren die Leistungen beider Teams nicht, weder emotional noch gedanklich, und regen uns deshalb nicht auf. Wir vermeiden es, uns beim Zuschauen emotional zu involvieren, weil wir weder für das eine noch das andere Team mitfiebern. Dies zeigt, wie wir in der Welt leben können. Wir können uns gedanklich vom Geschehen distanzieren.

Obwohl die Mutter in der Geschichte dieselben schlechten Autofahrer auf der Straße sah wie ihr Mann, blieb sie bewusst ruhig. Genauso können wir es auch machen. Wann immer uns Menschen, mit denen wir zu tun haben, aufregen, können wir tief Luft holen, uns innerlich konzentrieren und die Reaktion vorüberziehen lassen. Wir können unsere Gedanken überprüfen und im Keim ersticken, bevor wir uns aufregen. Es gibt viele Gelegenheiten, damit zu experimentieren, sei es zu Hause, bei der Arbeit oder an jeglichem anderen Ort, an dem wir mit anderen Menschen zu tun haben. Mit Übung können wir unseren Denkapparat zähmen und Gedanken der Aufregung unter Kontrolle halten. Stattdessen können wir friedvolle Gedanken pflegen.

Meditation hilft uns, beruhigende Gedanken zu wählen. Jedes Mal, wenn wir meditieren, entscheiden wir uns für Frieden. Während der Meditation bringen wir unsere Gedanken zur Ruhe und sonnen uns an einem ruhigen Ort im Inneren. Je mehr wir meditieren, desto mehr tragen wir diesen Frieden in den verbleibenden Tag hinein. Es ist hilfreich, als Erstes am Morgen zu meditieren, bevor wir den Herausforderungen des Tages begegnen. Dann betreten wir die Arena des Lebens in einer ausgeglichenen Gemütsverfassung und sind eher in der Lage, wie die friedliche Mutter in der Geschichte durch die Stadt zu fahren. Den Trend unserer Gedanken zu verfolgen, kann uns zur Ursache unserer Aufregung führen. Wir werden feststellen, wie oft unsere Gedanken dem Ego entspringen, wenn wir mit anderen zu tun haben, deren

Verhalten wir zu kritisieren beginnen. Das Ego erhebt sich, wenn wir meinen, besser als die anderen zu sein, und sie wegen Fehlern kritisieren. Ganz gleich, in welchem Bereich wir feststellen, dass wir uns gedanklich oder emotional aufregen, wir können ein Experiment durchführen und unsere Gedanken überprüfen sowie ihnen Einhalt gebieten, bevor sie Gelegenheit haben, uns zu beeinträchtigen. So können wir mit einer ruhigeren Einstellung durch den Tag gehen.

Wenn wir uns dafür entscheiden, unseren egoistischen und kritischen Gedanken nachzugeben, konzentrieren wir uns nicht mehr länger auf die wunderschönen Geschenke in uns. Gedanken der Aufregung verhindern, dass wir unsere Aufmerksamkeit auf das höchste Ziel im Leben richten, die Vereinigung unserer Seele mit der Quelle, aus der sie gekommen ist. Wenn wir Gemütsfrieden wählen, werden sich unsere Meditationen verbessern, weil wir uns nicht so sehr bemühen müssen, uns zu konzentrieren. Den ganzen Tag hindurch können wir innen konzentriert bleiben, anstatt Fehler zu finden, während wir all unsere weltlichen Verpflichtungen erfüllen. Wir können den höchsten inneren Frieden erlangen.

Dankbarkeit gegenüber dem Einen, der alles gibt

Warum schadet das Ego unserem spirituellen Fortschritt? Unser Ego hindert uns daran zu erkennen, wer der Geber und Handelnde in unserem Leben ist. Das Ego lässt uns glauben, dass wir die Handelnden seien und dass die Geschenke, die wir in unserem Leben haben, auf uns zurückzuführen sind. Die Erkenntnis, dass wir nicht die Gebenden, sondern die Empfangenden sind, hilft uns, Demut zu entwickeln. Wir sind durch Gottes Gnade hier. Alle Geschenke, die wir erhalten, angefangen von der menschlichen Geburt bis hin zur besonderen Fähigkeit, uns selbst und Gott zu erkennen, sind Gottes Gnade.

Demut bedeutet zu erkennen, dass wir Gott Dankbarkeit für alles, was wir empfangen haben, schulden.

KAPITEL 13: DER LIEBREIZ VON DEMUT UND BESCHEIDENHEIT

Spirituelle Entwicklung erfordert, die beiden miteinander verknüpften Eigenschaften Dankbarkeit und Demut zu entwickeln. Eine Abkürzung auf dem Weg zur Demut besteht darin, Dankbarkeit gegenüber Gott zu entwickeln. Wenn wir dem Schöpfer gegenüber dankbar sind, erkennen wir, dass wir alles, was wir im Leben erhalten, von Gott empfangen. Entwickeln wir Dankbarkeit, werden wir auf natürliche Weise Demut entfalten und das Ego beseitigen.

Ego bedeutet zu glauben, dass wir die Handelnden seien, während Demut erkennt, dass Gott der Handelnde ist. Solange wir uns selbst als die Handelnden betrachten, richten wir unsere Aufmerksamkeit auf den Aspekt von uns, der vergänglich ist und zurückgelassen wird, wenn dieses Leben endet. Das Ego als ein Teil dieser physischen Welt ist zeitlich begrenzt. Demut verbindet uns mit dem dauerhaften Anteil von uns selbst, der Seele, die ewig ist.

Durch Gottes Gnade erhielten wir eine menschliche Gestalt. Wir hätten in irgendeiner der Millionen Lebensarten geboren werden können, waren jedoch so begünstigt, eine menschliche Gestalt zu erhalten. Zusätzlich zum menschlichen Körper hat uns Gott mit vielen anderen Geschenken gesegnet. Einige von uns sind vielleicht reich, andere erfolgreich, manche sind Firmenchefs, ein König, ein einflussreicher Geschäftsmann oder ein Eigentümer einer großen Fabrik. So wurden wir vielleicht wohlhabend, berühmt oder mächtig. Betrachten wir die Menschen, die im materiellen Sinne erfolgreich sind, so glauben viele von ihnen, dass dies auf ihre eigenen Verdienste zurückzuführen ist.

Eine der Kehrseiten unseres modernen Lebens besteht darin, dass die Menschen glauben, von sich aus große materielle Errungenschaften erreicht zu haben. Ihnen ist nicht bewusst, dass alles, was sie haben, ein Geschenk Gottes ist. Sie vergessen, dass Gott sie zu dem gemacht hat, was sie sind. Genauso haben wir vergessen, dass Gott aus uns gemacht hat, was wir sind.

Es ist ein Trick des Egos, uns glauben zu lassen, dass unsere Errungenschaften auf etwas zurückzuführen sind, das wir sind oder haben.

Wir haben vergessen, dass Gott uns gewisse Geschenke gewährt hat, die uns befähigen, etwas zu erlangen. Wir könnten schwach und hilflos sein, doch Gott hat uns stark und mächtig gemacht. Anstatt egoistisch zu sein, sollten wir unsere Geschenke einsetzen, um Gutes zu tun und Gott zu danken. Wir haben die Wahl, mit den uns zur Verfügung stehenden Mitteln Gutes zu tun oder egoistisch zu sein und Macht über andere auszuüben.

Wir können ein Leben mit positiven Qualitäten führen. Dies umfasst, Zeit in Meditation zu verbringen. Außerdem müssen wir demütig sein. Wir sollten uns nicht vom Ego zu dem Glauben verleiten lassen, dass unsere Errungenschaften und Leistungen auf uns selbst zurückzuführen seien. Wir sollten erkennen, dass Gott uns all unsere Geschenke gegeben hat. Durch Dankbarkeit können wir unser Ego überwinden.

Das Ego ist ein Laster, das wir beseitigen müssen, wenn wir uns spirituell entwickeln wollen. Demut ist das Gegenmittel zum Ego. Sind wir demütig, erkennen wir, dass nur Gott vollkommen ist und dass wir alle Fehlern und Irrtümern unterliegen. Wir erkennen, dass es Zeiten gibt, in denen wir Recht haben, und Zeiten, in denen wir Unrecht haben.

Es ist nichts falsch daran, einen Fehler zu begehen, weil wir dadurch die Möglichkeit haben, zu lernen und uns weiterzuentwickeln. Haben wir einen Fehler begangen, können wir ihn berichtigen und uns verbessern. Die Fähigkeit, unsere Fehler einzugestehen, ist ein Zeichen von Demut. Es macht das Leben friedvoller und hilft den Menschen, miteinander auszukommen, wenn alle erkennen, dass wir alle Fehler und Irrtümer begehen.

Wenn wir uns selbst prüfen, sollten wir Situationen überdenken, in denen wir starrköpfig auf unserer Meinung beharrten, selbst wenn andere daran zweifelten. Dann sollten wir an all jene Zeiten denken, in denen sich herausgestellt hat, dass wir im Unrecht waren, es aber nicht zugegeben haben. Wir haben es verschwiegen, obwohl es jemand anderen verletzt hat, oder wir haben unseren Irrtum nur widerwillig eingestanden. Diese Fehler müssen wir beseitigen, wenn wir uns im Bereich der Demut weiterentwickeln möchten. Das nächste Mal, wenn wir mit unserem Ego konfrontiert sind, können wir versuchen, Demut im Leben zu praktizieren.

Übung: Denke an Aspekte in deinem Leben, in denen du das Gefühl hast, vom Ego gesteuert zu sein. Mach dir bewusst, wie dies deine Beziehung zu anderen beeinträchtigt hat. Bemühe dich, dein Ego mit den Detox-Methoden aus diesem Kapitel im Zaum zu halten, wie demütig zu sein, Dankbarkeit für alle Geschenke, die du im Leben erhalten hast, zum Ausdruck zu bringen oder das Gute in anderen zu sehen.

KAPITEL 14

Liebe für alle

Wenn Ärger eskaliert und einen Punkt erreicht, dass er unerträglich wird, richten ihn die Menschen oft gegen sich selbst oder andere. Es gefällt uns nicht, wie wir im Ärger denken, sprechen oder handeln, und so strafen wir uns selbst, da wir es so weit kommen ließen. Umgekehrt beschuldigen wir andere, dass sie uns geärgert haben. Dies kann zu Hass führen. Wir können es nicht ertragen zuzugeben, dass wir uns erlaubt haben, wütend zu sein. Uns gefällt nicht, was wir sehen, wenn wir in den Spiegel blicken und dort eine Person voller Ärger vorfinden, die uns anstarrt. Anstatt der Tatsache ins Auge zu blicken, dass wir zugelassen haben, wütend zu werden, teilen wir an andere aus, als ob sie die Ursache wären. Dann richten wir unsere Feindseligkeit auf sie.

Toxin des Hasses

Das Toxin des Hasses nimmt unser Denken und Fühlen so sehr ein, dass wir auf eine Weise denken, sprechen und handeln, die andere und uns selbst verletzt. In den täglichen Nachrichten werden die Folgen einer Welt, die von Hass entflammt ist, dargestellt. Hass, der zu Gewalt gegenüber anderen eskaliert, führt zu Verbrechen an den Mitmenschen, Diskriminierung gegenüber Personen, die anders aussehen oder handeln als wir, und selbst zu Kriegen.

Hass kann sogar unser tägliches Leben zu Hause und unsere berufliche Arbeit beeinträchtigen. Er hat zur Folge, dass Menschen sich gegenseitig misshandeln oder ignorieren. Er kann auch bewirken, dass Menschen sich dazu herablassen, das Leben anderer zu zerstören, um wegen belangloser Kleinigkeiten mit ihnen abzurechnen.

Wenn der Giftstoff des Hasses unser Denken und Fühlen bestimmt, erfüllt er jeden Gedanken und zeigt sich in unseren Worten. Manchmal veranlasst er uns, Handlungen auszuführen, die andere und uns selbst vernichten können. Machen wir uns bewusst, wie weit wir uns von Frieden und Zufriedenheit entfernen, wenn wir zulassen, dass sich das Toxin des Hasses in unseren Gedanken und Gefühlen ausbreitet!

Übung: Denke an eine Zeit, in der du vielleicht Hass auf jemanden empfunden hast. Wie hat sich dieses Hassgefühl auf dein Denken und Fühlen ausgewirkt?

Intoleranz

Ein weiteres Toxin, das mit Hass in Verbindung steht und unsere Gedanken und Emotionen belastet, ist Intoleranz. Dieses Gift nimmt uns auf unterschiedliche Weise den Frieden, den wir uns wünschen, und führt zu Hass. Eine Form besteht darin, dass wir die Fehler anderer nicht tolerieren und ihnen gegenüber Hass entwickeln. Eine weitere Verhaltensweise ist, dass wir intolerant gegenüber Menschen werden, die anders sind als wir, und zulassen, dass daraus Hass entsteht.

Intoleranz gegenüber Unzulänglichkeiten anderer kann aus unserem Ego entstehen, wenn wir meinen, vollkommen zu sein, die anderen jedoch nicht. Wir stellen uns über andere. Unser Ego zeigt sich, wenn wir denken,

KAPITEL 14: LIEBE FÜR ALLE

wir seien allen anderen überlegen. Wir glauben vielleicht, wir seien intelligenter und klüger als sie. Wenn wir unsere Talente betrachten, so denken wir womöglich, wir seien besser in einem Handwerk oder einer Kunst, während es anderen an Geschick mangle. Sich auf intolerante Gedanken einzulassen, bedeutet, dass wir damit beschäftigt sind, was andere tun, anstatt mit dem, was wir tun. Stellt euch vor, wie viel produktiver wir wären, wenn wir uns selbst – anstelle von anderen – verbessern würden.

Anstatt intolerant zu sein, wenn andere Fehler machen, sollten wir uns lieber selbst prüfen und darauf konzentrieren, wie wir uns verbessern können. Doch wenn Intoleranz, die aus dem Ego entsteht, eskaliert und in Hass umschlägt, wird sie noch gefährlicher. Wichtig ist zu unterscheiden, ob unsere Intoleranz gegenüber den Unzulänglichkeiten anderer auf der Ebene des Egos bleibt oder ob sie sich in Hass auf andere ausweitet.

Eine weitere Art von Intoleranz, die sich zu Hass entwickeln kann, hat mit unserer Reaktion auf Menschen zu tun, die sich von uns unterscheiden. Möglicherweise sind wir intolerant gegenüber der Kultur bzw. Herkunft anderer oder glauben, dass wir aufgrund unserer Kultur, Nationalität oder unseres Hintergrunds, mit dem wir aufwuchsen, anderen überlegen seien. Eine weitere Form von Intoleranz besteht darin, Menschen, die eine andere Sprache sprechen, nicht zu akzeptieren. Unterschiede im gesellschaftlichen Stand oder Bildungsniveau können ebenfalls zu Intoleranz gegenüber anderen führen. Manche blicken auf Menschen herab, die weniger vermögend sind. Solche Ausprägungen von Intoleranz entstehen aus dem Gefühl, dass unser Hintergrund besser sei als der aller anderen. Eine solche Einstellung kann dazu führen, dass wir andere diskriminieren und schlecht behandeln.

Alle Arten von Intoleranz, die aus Hass hervorgehen, nehmen unsere Gedanken ein und stören unseren Frieden. Jedes Mal, wenn wir jemanden treffen oder von jemandem hören, der Fehler macht oder anders ist als wir, werden wir von hasserfüllten Gedanken gegen diese Person geplagt, die durch Intoleranz entstehen. Dadurch wird unsere Ruhe beeinträchtigt.

Übung: Erinnere dich an Zeiten in deinem Leben, als du Intoleranz und Hass gegen jemanden oder eine Gruppe empfunden hast. Denke darüber nach, wie sich diese Gedanken auf deine innere Ruhe ausgewirkt haben.

Vorurteile und Bigotterie

Zwei weitere Toxine, die mit Hass zu tun haben, sind Vorurteile und Bigotterie (religiöse Intoleranz), die äußerst gefährlich sind. Vorurteile and Bigotterie beruhen darauf, dass wir glauben, eine bestimmte Personengruppe sei nicht so gut wie wir. Wir haben vielleicht Vorurteile gegenüber Menschen anderer Länder, Kulturen oder anderer Herkunft. Wir sind möglicherweise denjenigen gegenüber voreingenommen, die anders aussehen als wir, je nach ihrer Haut-, Haar- oder Augenfarbe oder anderen äußeren Erscheinungsmerkmalen. Wir identifizieren uns mit einer bestimmten Gruppe und meinen, dass die Mitglieder unserer Gruppe besser seien als Personen, die zu anderen Gruppen gehören.

Vorurteile und Bigotterie vergiften unsere Gemütsverfassung besonders stark, denn sie bestimmen nicht nur unsere Gedanken, sondern können sich auch in unseren Worten entladen. Wir sagen dann vielleicht Dinge, die nicht wahr sind oder andere wegen ihrer Andersartigkeit verletzen. Womöglich stiften wir andere dazu an zu diskriminieren, so wie wir es tun.

Vorurteile und Bigotterie können sich auch in unseren Handlungen zeigen. Die Geschichte enthält zahlreiche Berichte über Taten von Menschen, die andere aufgrund von Vorurteilen verletzt haben. Bigotterie hat zu Konflikten, Gewalttaten und Kriegen geführt.

Sobald die Toxine von Vorurteil und Bigotterie sich in unseren Gedanken festsetzen, regen wir uns leicht auf, wenn wir Personen begegnen, die nicht zur Gruppe, mit der wir uns identifizieren, gehören, oder von diesen Personen hören. So verlieren wir unseren Gemütsfrieden.

Übungen: Liste Situationen auf, in denen du in deinem Leben Vorurteile gehegt und Bigotterie erlebt hast. Erinnere dich, wie diese Gedanken vielleicht zu verletzenden Worten und Handlungen eskaliert sind. Denke darüber nach, wie diese Gedanken, Worte und Taten dich mental beeinträchtigt und vom inneren Frieden abgehalten haben.

Wie Liebe Hass besiegt

Im Leben begegnen wir manchmal Menschen, die uns aus irgendeinem Grund nicht mögen oder versuchen, uns zu verletzen. Wir treffen womöglich auf jemanden in unserer Familie, bei der Arbeit oder in unserer Gemeinschaft, der uns kritisiert, uns verleumdet, über uns lästert oder versucht, unserem Ruf zu schaden. In der Absicht, uns zu Fall zu bringen, hören solche Menschen nicht auf, bis sie zufrieden sind, weil sie uns Schaden zugefügt haben. Dann fragen wir uns, wie wir mit solch negativen Menschen umgehen sollen. Wir meinen, dass wir es dieser Person nicht heimzahlen oder mit ihr kämpfen können, wenn wir gewaltlos sind. So versuchen wir zu schweigen, damit kein wütendes Wort über unsere Lippen kommt. Dennoch wird unser Leben durch diese Person unglücklich und wir wissen nicht, was wir dagegen tun sollen.

Wir fühlen uns hilflos angesichts von jemandem, der vorhat, uns zu schaden. Die Frustration und Hilflosigkeit können in Hass umschlagen. Wir fragen uns, was wir tun können, um die Person entweder zu stoppen oder uns selbst davor zu schützen, verletzt zu werden.

Wenn Hass gegen andere unser Denken vereinnahmt, schaden wir am Ende anderen durch Gedanken, Worte oder Handlungen. Wie ein Kieselstein, der in einen Teich geworfen wird, Wellen erzeugt, so wirkt sich Hass weitreichend aus und führt zu Chaos in der Gesellschaft und der Welt. Der Hass richtet sich vielleicht auf andere, die nicht unserer Meinung sind oder nicht so aussehen, sich kleiden oder verhalten wie wir. Letztlich kehren die Toxine, die wir ausstoßen, um andere zu verletzen, wie ein Bumerang zu uns zurück und vergiften uns.

ENTGIFTE DEN GEIST

Meditation kann Prävention gegen Hass sein. Die Konzentration nach innen lenkt unsere Gedanken von Hassgefühlen ab. Sie wirkt sich beruhigend auf Körper und Gemütsverfassung aus.

In diesem Zusammenhang gibt es eine lehrreiche, wahre Geschichte aus dem Leben von Abraham Lincoln, der einst Präsident der Vereinigten Staaten von Amerika war. Er ist besonders dafür bekannt, die Sklaverei in den Vereinigten Staaten beendet zu haben. Sein Vorbild hat viele Menschen inspiriert. Folgende Begebenheit aus seinem Leben vermittelt uns eine Lehre für den Fall, dass uns jemand begegnet, der versucht, uns zu schaden oder das Leben schwer zu machen.

Als Lincoln auf Wahlkampftour war, um Präsident der Vereinigten Staaten zu werden, gab es einen Mann namens Edwin Stanton, der alles Mögliche unternahm, um ihm das Leben schwer zu machen. Er hasste Lincoln. Gewöhnlich nutzte er jede Gelegenheit, um Lincolns Image in der Öffentlichkeit zu beschädigen. Obwohl Lincoln keine Feinde haben wollte, war ihm dieser Mann feindlich gesinnt.

Stanton sagte oft gemeine Dinge über Lincoln und machte sich über sein Aussehen lustig. Er nutzte jede Chance, um den Präsidentschaftskandidaten öffentlich bloßzustellen. Obwohl Stanton an seiner Verleumdungskampagne festhielt, gewann Lincoln die Wahl und wurde Präsident.

Eine der Aufgaben des Präsidenten bestand darin, ein Kabinett zu ernennen, das eng mit ihm zusammenarbeitete, um seine politischen Ziele umzusetzen. Dazu zählten wichtige Posten wie der des Außenministers. Als Lincoln begann, die einzelnen Positionen zu besetzen, hatte er noch niemanden als Kriegsminister eingesetzt. Die anderen Kabinettsmitglieder waren fassungslos, als er Stanton für diese Position benannte.

Die Mitglieder seines Kabinetts meinten: „Wie kannst du ihn nur zu einem Teil deines Kabinetts machen? Er hat nichts anderes getan, als dich während des Präsidentschaftswahlkampfs zu kritisieren und anzugreifen. Du weißt doch, welch schlimme Dinge er über dich gesagt hat

KAPITEL 14: LIEBE FÜR ALLE

und wie er deinem Image schaden wollte. Wie kannst du ihn nur als Kriegsminister einsetzen?"

Die Kabinettsmitglieder sprachen sich nacheinander dafür aus, dass es ein Fehler sei, Stanton ins Kabinett zu berufen. Sie sagten: „Er ist dein Feind. Er wird versuchen, deine Politik zu sabotieren, um dich zu Fall zu bringen. Du solltest all die schlechten Dinge bedenken, die er getan und gesagt hat, bevor du diese Entscheidung triffst!"

Abraham Lincoln hörte sich die Einwände an, erwiderte aber: „Ich bin mir völlig im Klaren über Stanton und weiß, was er über mich gesagt hat. Doch nachdem ich alle möglichen Personen für diese Position durchgegangen bin, bin ich zu dem Schluss gekommen, dass Stanton der Beste in diesem Land für diesen Posten ist."

Man kann sich vorstellen, wie überrascht Stanton war, als er davon erfuhr, dass der Präsident ihn im Kabinett wollte, um die wichtige Position eines Kriegsministers zu bekleiden. Stanton nahm den Posten an und arbeitete hart, um in dieser Stellung auf bestmögliche Weise zu dienen.

Lincoln setzte hier eines seiner Grundprinzipien im Leben um. Er hätte dem Hass verfallen können. Stattdessen lebte er nach seinem eigenen Prinzip, dass wir, wenn wir Feinde loswerden wollen, sie uns zu Freunden machen sollten. Da er mutig genug war, seinen eigenen Stolz beiseite zu lassen, wählte er Stanton aus. Als Folge daraus war Stanton so sehr von der Großherzigkeit des Mannes bewegt, den er versucht hatte zu vernichten, dass er sich wandelte und zu einem fähigen Mitarbeiter in Lincolns Team wurde.

Als Lincoln Jahre später ermordet wurde, wurden Gedenkreden von Personen gehalten, die ihn gekannt hatten. Auch Stanton hielt eine Lobrede auf den Präsidenten, die zu den bekanntesten Aussagen über Lincoln zählt. Der Mann, der einst Lincolns Feind war, bezeichnete ihn als einen der herausragendsten Männer, die je gelebt haben, und fügte hinzu, dass er nun in die Ewigkeit eingehe.

Dieses inspirierende Beispiel zeigt die Kraft der Liebe, Hass wegzuspülen. Durch seine Liebe zu anderen konnte sich Lincoln über kleinlichen Hass erheben. Er besaß nicht nur die Kraft des Vergebens, sondern war auch gütig und konnte jemandem einen Olivenzweig reichen, der ihm schaden wollte. Er wurde den Feind Stanton los, indem er wohlwollend war und ihn sich zum Freund machte. So wurde Stanton zu einem engen Mitarbeiter, als Lincoln die äußerst anspruchsvolle Aufgabe eines Präsidenten ausführte.

Wenn wir Personen in unserem Leben betrachten, die uns Ärger bereiten, stellen wir vielleicht fest, dass sich unsere Hoffnung auf Änderung nicht erfüllt. Unsere Bitte an sie, keine schlimmen Dinge mehr über uns zu sagen, können auf taube Ohren stoßen. Andere zu bitten einzugreifen, damit diese Personen aufhören, uns zu verletzen, funktioniert vielleicht auch nicht. Doch steht uns noch ein weiteres Mittel zur Verfügung. Wenn wir umsetzen, was Lincoln getan hat, und diese Feinde zu Freunden machen, können wir ihre Angriffe stoppen.

Wie können wir Güte entwickeln und Feinde zu Freunden machen? Lincoln wusste, was Stanton tat. Dennoch bot er ihm einen Posten in seinem Kabinett an. Können wir uns vorstellen, wie wir uns denen nähern können, die sich wie Feinde verhalten, und ihnen etwas, das sie vielleicht möchten, anbieten? Können wir herausfinden, was ihnen wichtig ist, und ihnen helfen, ihre Wünsche zu erfüllen?

Wenn wir hören, wie jemand immer wieder lästert oder hinter unserem Rücken Kritik verbreitet, dann können wir, anstatt es ihm heimzuzahlen, etwas Freundliches über ihn sagen. Denn wir wissen, dass ihm unsere Worte zu Ohren kommen werden. Solche Menschen werden überrascht sein zu hören, dass dieselbe Person, die sie kritisieren, nicht mit Hass, sondern Mitgefühl reagiert.

Die Wirkung unseres liebevollen Verhaltens wird sich womöglich nicht in einem Tag zeigen. Vielleicht auch nicht in einer Woche, einem Monat oder einem Jahr. Wenn wir beständig freundlich und liebevoll sind, so muss es eine Auswirkung haben. Allmählich erkennen sie, dass

KAPITEL 14: LIEBE FÜR ALLE

wir durch ihre Angriffe in keiner Weise berührt werden. Die Intensität ihres Hasses auf uns nimmt dann vielleicht ab, und ein Tag mag kommen, an dem auch sie unsere Freunde werden.

Das spirituelle Leben ist ein Leben der Liebe. Es ist ein Leben des Mitgefühls. Wenn wir an das Beispiel von Lincoln denken und versuchen, jeden Menschen, der uns grundlos Schwierigkeiten macht, zum Freund zu machen, werden wir sehen, dass wir solche Menschen verändern können. Lincolns vorbildliches Verhalten war so tiefgreifend, dass der Mann, der sich als Feind Lincolns bezeichnete, ihn in späteren Jahren in den höchsten Tönen lobte. Auch wir können Feinde zu unseren Freunden machen.

Jeden Tag können wir prüfen, wie wir auf andere reagieren. Wenn sie versuchen, uns zu verletzen oder zu kritisieren, können wir sicherstellen, nicht mit Hass zu antworten. Wir können uns dafür entscheiden, nicht mit hasserfüllten Worten oder Taten zurückzuschlagen. Wir können es vermeiden, in einen Konflikt hineingezogen zu werden, indem wir nichts Schlechtes über den anderen sagen. Kontrolle über unsere Gedanken zu erlangen, ist am schwierigsten. Selbst wenn wir nichts Gehässiges sagen, sind unsere Gedanken vielleicht hasserfüllt gegenüber einer Person. Ein Anzeichen für spirituellen Fortschritt besteht in der Kontrolle unserer Gedanken. Wenn unsere Gedanken an andere liebevoll bleiben, so färbt dies auf unsere Worte ab, indem sie freundlich und liebevoll werden. Sind unsere Worte sanft und liebevoll, werden auch unsere Handlungen liebevoll sein, sodass wir nichts unternehmen, um jemanden zu verletzen. Wenn wir so leben, setzen wir das Beispiel der großen Heiligen und Erleuchteten in unserem Leben um. Wir werden dann liebevoll und sogar heilig, weil unsere Handlungen unsere Mitmenschen verändert.

Wie können wir Gedanken des Hasses aus unserem Gemüt beseitigen? Meditation kann uns helfen, Hass zu überwinden. In der Meditation verbinden wir uns mit einem beruhigenden, liebevollen Strom aus Licht und Klang. Dies hat eine besänftigende Wirkung auf uns. Es gleicht einem Bad im kühlen Wasser, bei dem der Schmutz eines heißen, trüben Tages weggewaschen wird.

Wenn wir beständig im inneren Licht und Klang vertieft bleiben, werden wir erhoben. Wir erreichen eine Stufe, auf der sich inneres Licht zeigt. Konzentrieren wir uns intensiver, werden wir in einen Zustand des Bewusstseins erhoben, in dem wir dasselbe Licht in anderen erstrahlen sehen. Wir erleben, dass das Licht aus unseren Mitmenschen und selbst aus allen anderen Schöpfungsformen wie Tieren, z. B. Vögeln, Reptilien, Fischen und Insekten, leuchtet. Dieses Licht ist nicht bloß ein physisches Licht, bestehend aus niederfrequenten Lichtwellen, die unseren Augen das Sehen ermöglichen. Das innere Licht ist von Glückseligkeit durchdrungen. Wenn wir uns mit diesem liebevollen inneren Licht verbinden, erfahren wir, dass dieselbe Liebe und dasselbe Licht von anderen ausstrahlen, was uns mit großer Freude erfüllt. Wir erkennen, dass es ein Licht der Liebe gibt, das in allen Lebensformen erstrahlt. Diese Liebe multipliziert sich, wenn wir erkennen, dass es in jedem Menschen und jeder Lebensform leuchtet. Hass schmilzt dahin, wenn wir erleben, dass dieselbe Liebe und das dasselbe Licht, die wir in uns tragen, sich auch in allen anderen befinden. Wir erfahren dann, wie sich Hass durch Meditation auf das innere Licht und den inneren Klang in Liebe wandelt.

Wenn wir meditieren und göttliche Liebe in uns erfahren, beginnen wir, andere wohlwollend zu behandeln. Wenn wir an Vorbilder wie Lincoln denken, die Hass in Liebe umwandelten, können wir dieses Verhalten zu einem Teil unseres eigenen Lebens machen. Allmählich können wir Liebe entwickeln und Feinde zu Freunden machen. Mit der Zeit sind wir imstande, die Schwierigkeiten in unserem Leben zu verringern und überall Gutes zu verbreiten.

Durch Meditation Intoleranz, Vorurteile und Bigotterie überwinden

Andere Toxine, die auf Hass beruhen, sind Intoleranz, Vorurteile und Bigotterie. Durch sie glauben wir, dass bestimmte Gruppen von

KAPITEL 14: LIEBE FÜR ALLE

Menschen nicht so gut sind wie wir. Wenn wir meditieren, können wir diese mentalen Toxine loswerden. Intoleranz, Vorurteile und Bigotterie, die gegen Menschen gerichtet sind, die aus anderen Ländern oder Kulturen stammen oder die einen anderen Hintergrund haben und anders aussehen, können durch Akzeptanz ersetzt werden. Wir halten eine Gruppe nicht mehr für besser als eine andere.

Betrachten wir die Einstellung eines Arztes: Ärzte werden darin ausgebildet, alle Menschen gleich zu behandeln, unabhängig davon, ob sie von gleicher Herkunft sind wie sie oder einen anderen Hintergrund haben. Jahrelang studieren sie den Körper des Menschen. Sie müssen sich den Körper von innen ansehen, um alle Organe zu studieren, und lernen, wie man Krankheiten behandelt oder andere operiert. Für sie ist ein Herz so wie jedes andere, ganz gleich, wie die Person äußerlich aussieht. Eine Lunge ist eine Lunge. Ein Gehirn ist ein Gehirn. Aus Sicht der Ärzte haben alle Menschen dieselben grundlegenden Körperfunktionen. Ähnlich ist es, wenn wir durch Meditation auf inneres Licht und inneren Klang erkennen, dass das innerste Wesen aller Menschen die Seele ist, strahlendes Bewusstsein. Dann konzentrieren wir uns nicht mehr auf äußerliche Unterschiede. Wir können Intoleranz, Bigotterie und Vorurteile aus unserem System entfernen, wenn wir mit unserem spirituellen Röntgenblick sehen, dass der innere Teil eines jeden Menschen derselbe ist – eine Seele, die Licht ausstrahlt.

In diesem Zusammenhang gibt es eine Geschichte aus dem alten Indien über einen Jugendlichen. Er war Straßenkehrer und lebte in ärmlichen Verhältnissen. Damals zählten Straßenkehrer zu den Unberührbaren. Im Kastensystem der damaligen Zeit war es üblich, sich nicht unter die Unberührbaren zu mischen.

Der Jugendliche war so arm, dass er kaum genug Geld für Kleidung, ein Dach über dem Kopf und Medizin besaß. Er musste am Straßenrand schlafen. Doch sobald jemand aus einer höheren Kaste vorbeikam, musste er stets die Straße verlassen, damit diese Person nicht von seinem Schatten verunreinigt würde. Wenn sein Schatten auf Angehörige

ENTGIFTE DEN GEIST

einer höheren Kaste fiel, beschimpften sie ihn und schlugen ihn sogar. Sein Leben war beschwerlich. Es bestand keine Hoffnung auf Besserung. Man erlaubte ihm nicht, die Schule zu besuchen, um sich zu bilden. Eines Morgens vor der Dämmerung war er gerade dabei, wie gewöhnlich die Straße zu fegen. Er hob den Müll von der Straße auf und trug ihn fort. Indem er einen Korb voll Müll nach dem anderen fortschaffte, hielt er die Straße sauber. Während er so arbeitete, schwitzte er sehr und war ganz schmutzig.

Als er eines Tages arbeitete, beobachtete er, wie eine Gruppe von Leuten die Straße entlangging. Als die Gruppe näherkam, erkannte er Buddha, der zusammen mit mehreren Mönchen spazieren ging.

Der Jugendliche empfand zugleich Freude und Panik. Er freute sich, dass er den Erleuchteten sah, doch fürchtete er sich, da sein Schatten nicht auf einen von ihnen fallen durfte.

Er versuchte sich zu verstecken. Aber da eine lange Mauer entlang der Straße verlief, konnte er Buddha nicht aus dem Weg gehen. Er lehnte seinen Besen an die Mauer und presste sich, so eng er konnte, gegen sie, um zu vermeiden, dass sein Schatten auf Buddha fiel. Als Buddha näherkam, faltete er aus Respekt für Buddha seine Hände. Dabei achtete er darauf, dass sie nicht zu weit ausgestreckt waren, damit kein Schatten auf Buddha entstand.

Anstatt an ihm vorüberzugehen, kam Buddha auf ihn zu. Der Jugendliche versuchte weiter auszuweichen, doch die Mauer hinter ihm ließ ihm keinen Ausweg.

Der Junge war verblüfft, als Buddha auf ihn zu ging und freundlich mit ihm sprach.

Buddha fragte ihn: „Möchtest du dich uns anschließen und auch Mönch werden?"

Das Herz des jungen Mannes füllte sich mit Freude.

Er brachte den Mut auf zu antworten: „Oh - großer Einer. Noch nie in meinem Leben hat mich jemand so freundlich und liebevoll angesprochen. Wenn du einen so schmutzigen Straßenkehrer, einen Unbe-

KAPITEL 14: LIEBE FÜR ALLE

rührbaren von so geringem Wert akzeptierst, werde ich voller Freude mit dieser Arbeit aufhören und Mönch werden."

Buddha nahm ihn daraufhin als Schüler an und in seine Gruppe von Mönchen auf. Er lehrte ihn die Meditationsübung. Mit der Zeit erreichte der Jugendliche spirituelle Erleuchtung.

Als der junge Mann später einmal Buddha fragte, warum er einen Unberührbaren wie ihn aufgenommen hatte, erwiderte dieser: „Jeder Mensch, unabhängig von Hautfarbe oder Herkunft, vergießt Tränen derselben Farbe. Die Farbe des Bluts aller Menschen, das bei Schnittwunden heraustropft, ist dieselbe. Ein Mensch wird weder in eine hohe noch eine niedere Kaste geboren. Wie tugendhaft wir sind, hängt davon ab, wie wir handeln. Handeln wir gut, gelten wir als sehr tugendhaft. Jeder Fluss fließt für sich, doch wenn alle Flüsse den Ozean erreichen, vereinigen sie sich. Gleichermaßen sind wir alle Kinder Gottes und ein und dasselbe. Dabei gibt es kein Hoch oder Niedrig. Wir sollten alle liebevoll und freundlich behandeln."

Heilige und Erleuchtete sehen keinen Unterschied zwischen Menschen verschiedener Herkunft. Alle sind für sie gleichwertig. Der Blickwinkel ist daher entscheidend, um Intoleranz, Vorurteile und Bigotterie in universelle Liebe umzuformen.

Wenn wir meditieren, sehen wir dasselbe Licht, das sich sowohl in uns als auch in allen anderen befindet. Wir unterscheiden nicht zwischen den Menschen, denn wir sehen, dass das Licht in allen leuchtet. Wir alle sind ein Teil Gottes. Alle Seelen sind unsere Brüder und Schwestern in Gott. Als eine Familie der Menschheit sollten wir alle liebevoll und freundlich behandeln. So leben wir nach den höchsten Idealen, die uns zu wahren Menschen machen. Wenn wir andere liebevoll behandeln, zeigen wir nicht nur ihnen Respekt, sondern auch der Kraft, die alles erschaffen hat.

Wenn wir mit anderen zu tun haben, ob mit Familienmitgliedern, Mitarbeitern, Angestellten und selbst Fremden, denen wir begegnen und die anders sind als wir, so sollten wir nur freundlich und liebevoll sprechen und handeln. Unsere guten Handlungen werden nicht nur die Herzen anderer heilen, sondern sich auch auf uns auswirken. Wenn wir allen liebevoll begegnen, selbst Menschen mit einem anderen Hintergrund, müssen wir uns nicht vor Rückwirkungen fürchten, die verletzende Worte ausgelöst hätten. Wir können friedlich schlafen, weil wir wissen, dass wir überall Liebe und Güte verbreitet haben und keine Vergeltung für Unfreundlichkeit und Hass zu erwarten haben.

Meditation weitet unser Herz, sodass wir allen Liebe entgegenbringen. Wir betrachten die ganze Menschheit als eine Familie Gottes. Wenn wir durch das Leben gehen, werden wir immer wachsamer. Wie sieht unser Leben aus, wenn wir eine solche Liebe entwickeln? Wir betrachten alle Menschen als Teil unserer Familie. Wir unterscheiden nicht mehr zwischen Menschen verschiedener Herkunft, armen oder reichen, gebildeten oder ungebildeten. Dadurch wird uns bewusst, wer Hilfe braucht. Wir helfen dann nicht nur denjenigen, die uns nahestehen, sondern allen, denen wir begegnen. Liebe für alle zeigt sich darin, dass wir allen selbstlos dienen. Unser Herz weitet sich, bis es jede Lebensform einschließt. Liebe zu verbreiten bedeutet, zu allen freundlich und hilfsbereit zu sein. Es bedeutet, andere durch unsere liebevollen Worte zu trösten. Es kann auch so einfach sein, wie ein freundliches, warmherziges Lächeln zu verschenken und zu grüßen.

Meditation hilft uns, Vorurteile und Bigotterie zu überwinden, sodass wir liebevoll zu allen sind, denen wir begegnen. Unsere Herzen sind von Freude erfüllt, wenn wir alle lieben. So vermehren wir Güte und Liebe in der Welt.

Gott ist unser Vorbild. Wir alle wurden von Gott erschaffen. Wir alle sind Kinder Gottes. Betrachten wir die Weltbevölkerung mit über sieben Milliarden Menschen. Im Hause Gottes, auf unserem Planeten Erde, gibt es genug Platz für sie alle. Jeder besitzt die gleichen Fähigkeiten zu überleben. Gott lässt Sonnenlicht nicht bloß auf einige von ihnen scheinen. Jeder hat Zugang zum Sonnenlicht. Wir wurden alle gleich erschaffen und haben gleichermaßen Zugang zu Gottes Gaben.

KAPITEL 14: LIEBE FÜR ALLE

Noch wichtiger ist, dass Gott jedem Menschen die Fähigkeit der Gotterkenntnis gewährt hat. Wir alle haben Zugang zum inneren Tor, zum Sitz der Seele, der sich zwischen und hinter den beiden Augenbrauen befindet. Gott wartet an diesem Tor, um jeden Einzelnen willkommen zu heißen. Der Willkommensteppich, den Gott für uns ausrollt, ist die Schwelle, die zu innerem Licht und Klang führt. Gott ruft uns heim, um uns in Empfang zu nehmen. Es liegt nur an uns, dass wir das offene Tor nicht bemerken. Wenn wir uns damit verbinden, zeigt uns Gott den Weg auf dem Licht- und Klangstrom, um uns mit Ihm zu vereinen.

Ein Kind hat keine Ahnung, wie sehr die Eltern es lieben. Niemand kann sich die Liebe der Eltern für ihr Kind vorstellen, bevor er oder sie nicht selbst zu einem Elternteil geworden ist. Auch wir haben keine Vorstellung davon, wie sehr Gott jede Seele liebt, die ein Teil des Göttlichen ist. Wir meinen vielleicht, wir seien in dieses riesige Universum verbannt worden, ohne dass uns jemand wirklich liebt und für uns sorgt, doch Gott liebt uns alle so sehr. Gott liebt uns unaufhörlich, ganz gleich, wie wir handeln. Gott schuf uns und segnete uns mit all den wundervollen Gaben der göttlichen Liebe, Gnade, Glückseligkeit und Freude. Sobald wir Gott aus der Tiefe unseres Herzens und unserer Seele suchen, steht Er bereit, um uns mit offenen Armen zu begrüßen und uns zurückzubringen.

Durch Meditation können wir von der Liebe Gottes kosten. Wir fragen uns, wie Gott uns selbst dann noch lieben kann, wenn wir Ihn nicht beachtet oder vergessen haben. Heilige und Erleuchtete sind sich dessen bewusst, dass wir bisher ein Leben mit Gewohnheiten geführt haben, die uns von Gott fernhielten. Zu diesen Gewohnheiten gehören Hass und Bigotterie. Jetzt können wir es ändern und uns vom mentalen Toxin des Hasses befreien, worüber sich unsere Seele freut. Wenn wir Hass, Intoleranz, Bigotterie und Vorurteile durch Liebe für alle ersetzen, sind wir im Einklang mit glückseligem Frieden, der unser Leben verändert und Freude in unser Leben bringt.

Übung: Ein Weg, Liebe für alle zu entwickeln, besteht darin, an Menschen zu denken, die eine andere Herkunft, Kultur oder Nationalität haben bzw. sich durch andere Faktoren von uns unterscheiden. Trage in einer Liste zusammen, was du mit allen Personen, die du als anders betrachtest, gemeinsam hast. Finde Wege, wie du positiv und liebevoll auf jene zugehen kannst, die anders sind. Übe dich darin, Liebe und Güte an alle zu verbreiten, denen du begegnest.

KAPITEL 15

Von Selbstsucht zu Selbstlosigkeit

Das Leben in dieser Welt ist wie eine Landmine. Mit jedem Schritt nach vorne treten wir anscheinend auf ein anderes Gift, das in unser System eindringt. Wünsche erscheinen ungefährlich, aber auch sie können Gift sein.

Zwischen Bedürfnissen und Wünschen oder Sehnsüchten besteht ein Unterschied. Wir haben beispielsweise körperliche Bedürfnisse, die uns helfen zu überleben. Ohne Nahrung, Wasser, Kleidung, Unterkunft, Medizin und Verkehrsmittel können wir nicht leben. Wir brauchen Arbeit, um Geld zu verdienen und für unsere Bedürfnisse aufkommen zu können. Wenn wir Familie haben, müssen wir diese unterstützen. Das sind die Grundbedürfnisse des Lebens. Doch darüber hinaus haben wir wahrscheinlich noch Wünsche und Sehnsüchte. Diese beziehen sich im Allgemeinen auf Dinge, die nicht lebensnotwendig sind, die wir aber haben wollen, damit sie uns glücklich machen.

Wenn wir haben, was wir zum Leben brauchen, können wir zufrieden sein. Aber das Gift der Wünsche gibt uns das Gefühl, ohne bestimmte Dinge nicht zufrieden sein zu können. Dies kann dazu führen, dass wir mehr besitzen, als wir brauchen. Es kann auch bedeuten, dass wir immer bessere Versionen dessen wollen, was wir brauchen. Unsere materialistische Gesellschaft und die Geschäftswelt konzentrieren sich auf Werbung, damit die Menschen mehr wollen, als sie zum Leben brauchen. Wir brauchen vielleicht einen Mantel, der uns warmhält, aber Unternehmen vermarkten Mäntel, die entweder teurer sind oder mehr Verzierungen haben, als wir brauchen. Jeder von uns hat seine eigenen Vorlieben und Abneigungen. Manche möchten vielleicht einen blauen Mantel und andere einen schwarzen. Manche wollen einen Mantel mit Knöpfen, andere einen Mantel mit Reißverschluss. Was ist daran falsch? Die toxische Wirkung von Wünschen entsteht entweder, wenn wir uns das, was wir haben möchten, nicht leisten können oder wenn wir uns innerlich zu sehr mit der Befriedigung unserer Wünsche beschäftigen. Wünsche können auch bewirken, dass wir uns so sehr darauf konzentrieren, was wir haben wollen, dass wir andere Aktivitäten, mit denen wir uns stattdessen befassen sollten, vernachlässigen.

Wir müssen analysieren, welche Auswirkungen Wünsche auf uns haben. Beherrschen sie unser Gemüt bis an den Punkt, an dem wir an nichts anderes mehr denken können als daran, wie wir das Objekt unserer Begierde erlangen? Führen sie uns zu einem Verhalten, das unser normales Leben beeinträchtigt?

Man denke an ein Kind, das einen Wutanfall bekommt, weil es ein neues Spielzeug möchte. Wenn ein Kind aufgebracht ist, macht es Lärm, um den Frieden im Haushalt zu stören. Oder ein Kind erhält ein Spielzeug, aber nachdem es einen Tag damit gespielt hat, verliert es das Interesse daran und verlangt von seinen Eltern immer wieder etwas Neues. Das unzufriedene Kind bringt seine Eltern zur Verzweiflung. Andere Kinder fordern von ihren Eltern vielleicht, dass sie für ein Paar spezieller Laufschuhe mehr ausgeben, als sie sich leisten können, weil alle

Kinder diese Art von Schuhen tragen. Wenn ein Kind möchte, dass seine Wünsche erfüllt werden, gibt es keinen Frieden daheim. Das gilt auch für Erwachsene. Wir können überlegen, was Wünsche mit uns anstellen. Wenn sie unsere Gemütsruhe stören und unsere Aufmerksamkeit beanspruchen, wissen wir, dass sie toxisch sind.

Ein weit verbreitetes Gift, das unseren Gemütsfrieden stört, ist Selbstsucht. Das Wort „selbst" ist mit dem Denken an unser Ich verbunden. In spiritueller Hinsicht kann das Selbst jedoch mit der Seele oder unserem innersten Wesen gleichgesetzt werden. In Bezug auf das Gemüt hängt es hingegen mit dem Gedanken zusammen, dass wir die Nummer eins und alle anderen zweitrangig sind. Es wird toxisch, wenn wir anderen Schaden oder Schmerz zufügen, indem wir nur an unsere eigenen Bedürfnisse denken.

Selbstsucht kann mit einem einfachen Wunsch beginnen, den wir erfüllt haben wollen. Obwohl wir den Begriff „Wunsch" mit einem Bedürfnis gleichsetzen, das wichtig ist, um zu überleben oder positive Ziele zu erreichen, wird ein Wunsch zu einem Gift, wenn er sich negativ auf unser Leben oder das Leben anderer auswirkt. Wenn wir uns etwas wünschen, das für uns oder für unsere Mitmenschen schädlich ist, wird der Wunsch toxisch. Ständig denken wir dann daran, wie wir mehr von dem bekommen, was wir uns wünschen. Dies führt zu den Giften von Selbstsucht, Habgier, Verhaftung, Besitzgier, Obsession, Neid oder Eifersucht.

Das Gift der Selbstsucht

Selbstsucht nimmt viele Formen an. Wir können auf körperlicher Ebene selbstsüchtig sein, wenn wir beispielsweise denken, dass unser Wohlbefinden und unsere körperlichen Bedürfnisse wichtiger als jene von allen anderen Menschen sind. Wir wollen dafür sorgen, dass unser Hunger, unser Durst und unser körperliches Wohlbefinden Vorrang vor allen anderen haben. Als Ergebnis wollen wir mit anderen nicht teilen. Es ist eine Haltung von „ich, ich, ich". Wir können das am Beispiel von

Kindern und Jugendlichen sehen, die noch keinen Sinn für das Teilen und die Selbstlosigkeit entwickelt haben. Gewöhnlich überwinden wir diese Tendenz, wenn wir selbst Eltern werden. Elternschaft kehrt die eigene Einstellung häufig um, weil wir lernen, dass wir für das Überleben des Kindes zuerst an seine Bedürfnisse denken müssen.

Wenn wir im Laufe der Zeit für eine Familie sorgen, sei es ein Ehepartner, seien es Kinder oder betagte Eltern, erheben wir uns im Allgemeinen über die Selbstsucht und opfern unsere eigenen Bedürfnisse, um uns zuerst um andere zu kümmern. Und doch sind die Gifte des Gemüts mit all seinen Gedanken und Emotionen stark, und Egoismus kann sich in jedem Alter einschleichen. Deshalb müssen wir uns unser ganzes Leben lang davor hüten, nur an unsere eigenen körperlichen Bedürfnisse zu denken, sondern auch die Bedürfnisse anderer berücksichtigen.

Selbstsucht kann uns auch auf einer mentalen Ebene angreifen. In der Schule wollen wir vielleicht die ganze Aufmerksamkeit der Klasse auf uns ziehen. Wir möchten, dass der Lehrer im Klassenzimmer nur uns hilft oder nur uns Aufmerksamkeit schenkt. Wir können sogar bei unserer Arbeit egoistisch sein. Wenn wir in einem Team arbeiten, wollen wir vielleicht die ganze Arbeit selbst erledigen oder wir wollen, dass die anderen die ganze Arbeit ausführen und wir die Lorbeeren dafür ernten. Wenn es Vergünstigungen oder Ressourcen am Arbeitsplatz gibt, beansprucht eine selbstsüchtige Person alles für sich, ohne zu teilen.

Sind wir selbstsüchtig, ist unser Gemüt ständig auf der Suche nach Gelegenheiten, sich selbst alles zu verschaffen. Wir sind nicht in einem Zustand der Ruhe, weil unser Gemüt darauf ausgerichtet ist, seine Schäfchen ins Trockene zu bringen.

Übung: Blicke auf Zeiten zurück, in denen du dir egoistisch vorgekommen bist, als es um die Erfüllung deiner körperlichen oder mentalen Bedürfnisse ging. Inwiefern hat die Selbstsucht deine Fähigkeit, Ruhe zu finden, beeinflusst?

KAPITEL 15: VON SELBSTSUCHT ZU SELBSTLOSIGKEIT

Habgier

Das Gift der Habgier hat verschiedene Nuancen an Bedeutung. Mehr anzuhäufen, als wir brauchen, und immer daran zu denken, wie wir noch mehr bekommen, kann eine Form der Habgier sein. Von etwas mehr haben zu wollen, damit es uns hilft oder unser Leben erleichtert, kann positiv sein und uns dazu bringen, uns anzustrengen, es zu erlangen. Gier kommt aber auf, wenn wir bekommen, was wir wollen, es aber nie genug ist. Mehr haben zu wollen, beschäftigt uns innerlich bis zu dem Punkt, an dem wir an nichts anderes mehr denken können, und dadurch entsteht Gier. Klischeehafte Bilder stellen einen gierigen Menschen als jemanden dar, der nie damit zufrieden ist, was er hat, und besessen davon ist, mehr zu bekommen.

Ein Wunsch wird zur Gier, wenn wir vor nichts zurückschrecken und Grenzen und Regeln überschreiten, um zu bekommen, was wir wollen. Manchmal bedeutet Gier, von anderen zu nehmen, anstatt etwas selbst zu erreichen. Gier kann sogar so weit ausufern, dass wir andere verletzen, um unsere Wünsche zu erfüllen.

Wenn die Habgier ihr hässliches Haupt erhebt, sind wir von Gedanken erfüllt, die unsere innere Ruhe stören. An die Stelle der Zufriedenheit, die wir einmal hatten und die uns Frieden schenkte, treten laufend Gedanken, wie wir mit Intrigen mehr erreichen können.

Verhaftung

Die Begleiterscheinung von Wünschen ist Verhaftung. Sobald wir bekommen, was wir uns wünschen, können wir uns daran verhaften. Verhaftung wird toxisch, wenn wir auf ungesunde Weise an dem festhalten, was wir haben. Wir können nicht loslassen, wenn wir loslassen sollten. Unsere Gedanken sind von einer Person oder Sache erfüllt, die wir als die unsere betrachten. Und wir können nur noch daran denken.

Wir können etwa an ein Objekt wie ein Fahrrad oder Motorrad verhaftet sein. Wir verbringen dann unsere gesamte Zeit damit, uns darum zu kümmern, es zu polieren, Verschönerungen anzubringen, damit anzugeben und zu prahlen, sodass wir für nichts anderes mehr Zeit haben. Wir haben vielleicht ein Kleidungsstück, das auseinanderfällt und das wir aussortieren sollten. Doch hängen so sehr daran, dass wir uns nicht davon trennen können. Wir tragen es dann vielleicht in zerrissenem Zustand. Auch Geld kann eine Verhaftung sein, wenn wir es nicht dafür einsetzen können, unserer Familie zu helfen oder es mit anderen zu teilen. Wir können an eine Person verhaftet sein, von der wir meinen, wir würden sie besitzen, und deren Entscheidungen im Leben wir deshalb kontrollieren.

Wenn wir so sehr verhaftet sind, dass wir in ständiger Angst leben, etwas zu verlieren, und an nichts anderes mehr denken können, dann wird es toxisch. Verlust ist ein normaler Bestandteil des Lebens. Wenn aber das, was uns Freude bereitet, durch die Angst vor seinem Verlust oder durch den tatsächlichen Verlust zu einer Quelle des Schmerzes wird und wir nicht mehr funktionieren können, ist die Verhaftung toxisch geworden.

Besitzgier

Besitzgier ist eine Form von Gier, durch die wir etwas besitzen wollen, das uns nicht gehört. Wir meinen, ein Recht auf etwas haben, das uns nicht gehört. Wir können in Bezug auf materielle Güter besitzergreifend sein. In manchen Fällen haben wir ein Recht auf unseren Besitz, wollen ihn aber nicht aufgeben, obwohl es besser für uns wäre. Manche Menschen wollen mehr anhäufen, als sie an materiellen Dingen brauchen. Wenn dieser Wunsch dazu führt, dass wir mehr für etwas ausgeben, das wir nicht brauchen und das auf Kosten der Unterstützung unserer Familie oder der Hilfe für andere geht, sind wir wohl zu weit gegangen. Dann sind wir nur mit dem Gedanken beschäftigt, was wir haben wollen, ohne dass noch Platz dafür wäre, anderen zu helfen.

Manche versuchen, andere Menschen zu besitzen. Dies führt dazu, dass sie Kontrolle über sie ausüben, obwohl sie dazu kein Recht haben. In manchen Beziehungen kann ein Partner versuchen, den anderen

KAPITEL 15: VON SELBSTSUCHT ZU SELBSTLOSIGKEIT

übermäßig zu kontrollieren. Menschen verletzen die Grenzen der anderen, indem sie sie besitzen wollen. Das kann in jeder Beziehung passieren, angefangen von der Familie, über Freunde, Arbeitskollegen bis hin zu Angestellten. Es wird toxisch, wenn man sich Pläne und Intrigen ausdenkt, wie man andere kontrollieren kann. Wenn wir uns einem anderen gegenüber besitzergreifend fühlen, beobachten wir stets, was er sagt und tut, und mischen uns in sein Leben ein. Wir stören unseren eigenen Gemütsfrieden und das Leben des anderen.

Übung: Hast du jemals an den Toxinen von Habgier, Verhaftung oder Besitzgier gelitten? Wenn ja, inwiefern hat es deinen eigenen Zustand der Zufriedenheit und Ruhe gestört?

Fixierung, Besessenheit

Verlangen, Gier und Verhaftung können auch zu einer fixen Idee werden, sodass wir uns auf nichts anderes als auf das Begehrte konzentrieren können. Wenn sich das Verlangen oder die Verhaftung über die Maßen steigert und für unser Leben oder das Leben anderer schädlich wird, dann wird es zur Besessenheit.

Während Menschen an andere Menschen in ihrem Leben, an materielle Dinge, Hobbies oder Freizeitbeschäftigungen verhaftet sein können, wird es toxisch, wenn es unser Leben bis zu dem Punkt vereinnahmt, dass wir andere Aspekte des Lebens vernachlässigen, die für unser Wohlergehen oder das Wohlergehen anderer wichtig sind.

Besessenheit ist ein weiteres Toxin, das einen Schritt weiter geht als Verhaftung und Wünsche. Besessenheit erreicht Stufen, auf denen wir so verhaftet sind oder ein solches Verlangen nach etwas entwickeln, dass dies alles ist, woran wir denken. Wir können uns innerlich nicht von unseren Wünschen oder unserer Verhaftung an das, was wir erlangt haben, befreien. Es blockiert allmählich die übrigen Aktivitäten, die wir ausführen müssen, und wir können uns nicht mehr davon lösen. Wir sehen Menschen, die so sehr von Sport besessen sind, dass sie ihre Arbeit und Familie vernachlässigen. Manche Menschen sind so sehr davon besessen, Geld zu verdienen, dass sie zwanzig Stunden am Tag arbeiten, um viel mehr zu verdienen, als sie brauchen, und dabei ihre Familie und Gesundheit vernachlässigen. Es gibt auch Menschen, die so sehr an ihrem Hobby hängen, dass sie vergessen, zu essen oder zu schlafen, und so ihrer Gesundheit schaden. Wir können analysieren, worauf wir unsere Zeit und Aufmerksamkeit verwenden. Wenn wir einem Bereich übermäßig Aufmerksamkeit widmen, leiden wir wahrscheinlich am Gift der Besessenheit, das die Kontrolle über uns übernommen hat.

Neid

Eine weitere Schattierung von Selbstsucht und Wünschen besteht darin, dass wir unbedingt etwas erlangen wollen, das ein anderer hat, sodass wir neidisch werden. Wenn wir uns minderwertig fühlen und uns wünschen, was ein anderer hat, kann das zum Toxin des Neides führen.

Unser Gemütsfrieden wird durch Neid gestört. Wir bewundern andere und wünschen uns ihre Begabungen und Talente. Wir neiden einem anderen vielleicht seine Schönheit oder physische Gestalt. Neid kann dem Wunsch entspringen, die Intelligenz oder Fähigkeiten eines anderen zu haben. Wir können einem anderen Reichtum oder Besitz neiden. Ein Sportstar kann den Neid derjenigen wecken, die ebenso gut sein wollen. Wir können jemanden um seine Fähigkeit, zu schreiben, malen, singen, Theater zu spielen oder aufzutreten, beneiden.

Manchmal kann Neid positiv sein, weil er uns dazu bringt, uns zu verbessern und zu entwickeln, was andere erreicht haben oder geworden sind. Zum Problem wird es jedoch, wenn der Neid unsere Gedanken übermäßig beschäftigt. Wir sind vielleicht so auf die Talente anderer konzentriert, dass wir unsere eigenen nicht mehr schätzen. Wir mögen ähnliche Talente haben, aber wenn wir denken, jemand sei besser, verlieren wir den Blick für die Realität. Wir erkennen unsere eigenen Talente nicht mehr, wenn wir uns darauf konzentrieren, andere zu betrachten. Anstatt uns also auf den Weg zu unserem Ziel zu konzentrieren, sind wir

KAPITEL 15: VON SELBSTSUCHT ZU SELBSTLOSIGKEIT

damit beschäftigt, andere zu beobachten und uns mit ihnen zu vergleichen. Wir verschwenden Zeit und vernachlässigen es, uns zu verbessern, weil wir neidisch auf das sind, was andere haben.

Eifersucht

Eifersucht unterscheidet sich von Neid insofern, als wir nicht nur meinen, andere seien besser als wir, sondern wir hegen ihnen gegenüber auch negative, nachtragende Gefühle. Wenn Neid mit schädlichen Gedanken gegenüber der anderen Person verbunden ist, kann dies zu Eifersucht führen. Wir sind ständig eifersüchtig auf das, was die andere Person hat. Und wir mögen sogar Schritte unternehmen, um es ihr wegzunehmen. Wir können in Beziehungen eifersüchtig sein. Wir können auf den akademischen oder beruflichen Erfolg oder die sportlichen oder künstlerischen Leistungen oder Hobbys anderer Menschen eifersüchtig sein. Wir können auf die körperlichen Eigenschaften oder Talente anderer eifersüchtig sein. Eifersucht vergiftet unsere Gedanken und Emotionen und beraubt uns der Dankbarkeit für die Gaben, die wir haben.

Wenn wir neidisch sind, verletzen wir uns normalerweise selbst. Sind wir aber eifersüchtig, versuchen wir vielleicht auch, gegen diejenigen vorzugehen, die das haben, was wir wollen. Wenn unser Gemüt schlechte Gedanken über Menschen hegt, auf die wir eifersüchtig sind, können diese Gedanken zu Handlungen führen, die anderen schaden. Wir verbreiten dann womöglich unwahre oder schädliche Aussagen über sie. Eifersucht kann zu Konflikten zwischen Menschen führen. Wenn dieses Gift freigesetzt wird, infiziert es andere und es entsteht ein Kreislauf der Gewalt.

Es ist eine Sache, jemandem in positiver Weise nachzueifern, aber es ist etwas anderes, eine Person in Worten und Taten zu verletzen, weil wir Dinge haben wollen, die sie hat, oder die Talente, die sie entwickelt hat.

Übung: Haben dich jemals Neid oder Eifersucht geplagt? Wenn ja, wie haben sie sich auf deinen Gemütsfrieden ausgewirkt? Was hättest du besser machen können, um dich zu verbessern, anstatt dich darauf zu konzentrieren, was andere haben oder tun?

Die toxische Tretmühle der Selbstsucht

Wir finden keine Ruhe, wenn sich Gifte, die durch Selbstsucht entstehen, in uns ausbreiten. Es ist, wie wenn man in einer Tretmühle läuft, die sich immer schneller dreht und der wir nicht entkommen können. Der Stress dieser Gifte nimmt zu und gefährdet unsere psychische Gesundheit. Wenn wir nicht bekommen können, was wir wollen, oder wenn wir darum kämpfen, das zu behalten, was wir haben, leiden wir an einem Mangel an Frieden und Freude. Das Endergebnis von Wünschen, Verhaftungen, Besitzgier, Besessenheit, Neid und Eifersucht überflutet unser Gemüt. Diese Toxine halten uns davon ab, Zeit in Bereichen zu verbringen, die für unsere körperliche, mentale und spirituelle Entwicklung wichtiger sind. In diesem elenden Zustand, gefangen in der Falle der Selbstsucht, ist es schwer, friedlich zu sein.

Übung: Denke an Zeiten in deinem Leben, als du toxische Wünsche, Verhaftungen, Besitzgier, Besessenheit, Neid oder Eifersucht hattest, die durch Selbstsucht entstanden sind. Denke darüber nach, wie viel Zeit du damit verbracht hast. Warst du während dieser Zeiten friedlich? Was hättest du mit deiner geistigen Energie noch tun können, um friedlich zu sein, wenn du von diesen Toxinen nicht vergiftet gewesen wärst?

Toxische Wünsche durch dauerhaftes Glück ersetzen

Wenn wir uns etwas Materielles von dieser Welt wünschen, kann es uns kein dauerhaftes Glück bringen. Warum? Alles in dieser physischen Welt besteht aus Materie. Daher ist es dem Verfall oder Verlust unterworfen.

KAPITEL 15: VON SELBSTSUCHT ZU SELBSTLOSIGKEIT

Materielle Errungenschaften können zerbrechen, verfallen, sich auflösen oder verloren gehen. Sogar ein geliebter Mensch kann uns wegen einer Meinungsverschiedenheit, eines Umzugs oder eines Verlustes verlassen. Nichts in dieser physischen Welt ist für immer. Alles, woran wir hängen, führt daher zu Leid, wenn wir es verlieren. Unser Glück in irgendetwas zu suchen, das aus Materie besteht, hat die Kehrseite, dass wir leiden, wenn wir es verlieren. Wir können also niemals dauerhaftes Glück durch etwas in dieser materiellen Welt finden.

Was kann uns Glück schenken? Wir können dauerhafte Freude finden, wenn wir das suchen, was beständig ist. Da die Materie dem Verfall unterliegt, ist die einzige dauerhafte Errungenschaft, die wir anstreben können, nicht materiell, sondern spirituell. Wir meinen, nur der physische Körper zu sein, doch in unserem Wesenskern sind wir spiritueller Natur, die manche als Seele, Geist, unser wahres Selbst oder unser inneres Wesen bezeichnen. Ihre Qualitäten sind Bewusstsein, strahlendes Licht, himmlische Musik, spirituelle Liebe, Glückseligkeit, Frieden, Furchtlosigkeit und Unsterblichkeit.

Solange wir Vergängliches erreichen wollen, das aus Materie besteht, erfahren wir Schmerz, wenn wir es verlieren. Wenn wir stattdessen etwas erstreben, was dauerhaft und geistig ist, werden wir dauerhaftes Glück erlangen. Wenn wir den Unterschied zwischen vorübergehenden und dauerhaften Errungenschaften verstehen, kann uns dies Frieden und Zufriedenheit schenken.

Wir können uns von den Giften befreien, die durch Selbstsucht entstehen. Während wir meditieren, verbinden wir uns mit immerwährender Freude in uns. Das bringt eine eigene innere Freude mit sich, die alle physischen Errungenschaften dieser Welt übertrifft. Durch Meditation können wir unsere Gedanken und Emotionen von den Giften des Egoismus befreien und unser Gemüt mit der dauerhaften Freude der Selbstlosigkeit erfüllen.

Die Toxine der Selbstsucht durch Meditation besiegen

Um die Gifte der Selbstsucht und der daraus entstehenden ungesunden Wünsche, der Gier, der Verhaftung, der Besitzgier, der Besessenheit, des Neids und der Eifersucht zu überwinden, können wir Meditation als Heilmittel einsetzen. In der Meditation verbinden wir uns mit dem inneren, strahlenden Klangstrom. Die innere Glückseligkeit ist nicht wie das kurze Glück, das wir erfahren, wenn wir etwas in der materiellen Welt erlangen. Es ist ein dauerhafter Zustand des Glücks, der kein Ende kennt. Unsere Wünsche in dieser Welt zu erfüllen, ist nichts als eine blasse Wiederspiegelung der Freude, die wir erfahren, wenn wir in den Licht- und Klangstrom eintauchen. Die innere Erfahrung versetzt uns in Ekstase, die jedes vorübergehende Glück dieser Welt übertrifft.

Wir entdecken, dass wir auf der Suche nach der Erfüllung unserer Wünsche in der materiellen Welt im Grunde nach Glück suchen. Jedoch ist alles Materielle vergänglich und unterliegt dem Verlust. Was uns in dieser Welt vermeintlich glücklich macht, kann uns das Gegenteil bringen – Unzufriedenheit. Wenn wir meditieren, erreichen wir die Quelle des Glücks. Es ist ein Glück, das nicht vergeht. Es ist eine Freude, die wir nicht verlieren können. Wir werden mit der Freude selbst eins und sind davon erfüllt.

Meditation wäscht die Gifte der weltlichen Wünsche, der Habgier, der Verhaftung, der Besitzgier, der Besessenheit, des Neides und der Eifersucht weg. Sobald wir erkennen, dass Verfall und Verlust die Folge sind, wenn wir nach materiellen Dingen streben, können wir versuchen, das dauerhafte Glück zu erlangen, das die Meditation mit sich bringt. Wir haben die Wahl, ob wir die Zeit damit verbringen, unser Glück in weltlichen, materiellen Dingen zu suchen oder ob wir in das dauerhafte Glück in uns eintauchen.

Meditation kann das Gift der Habgier ausschwemmen. Wir müssen uns sehr anstrengen, um materielle Gewinne zu erzielen, sei es durch ehrliche Mittel oder indem wir anderen wegnehmen, was uns nicht

KAPITEL 15: VON SELBSTSUCHT ZU SELBSTLOSIGKEIT

zusteht. Unsere Gedanken sind vom Wunsch vergiftet, mehr von dem zu bekommen, was wir bereits haben oder was wir von anderen erwarten. Das verhindert einen Zustand der Zufriedenheit. In der Meditation hingegen erfahren wir einen unaufhörlichen Strom des Glücks. Die Glückseligkeit, die uns zugänglich ist, kennt keine Grenzen. Wir können uns an dieser Ekstase so sehr freuen, wie wir wollen. Es gibt einen unendlichen Vorrat an Glück in uns, der nie zur Neige gehen wird. Der Vorrat an Freude ist unbegrenzt, und es ist nicht so, dass, wenn wir etwas davon erhalten, nicht mehr genug für andere übrig wäre. Für jede Seele in der Schöpfung gibt es eine unbegrenzte Versorgung mit Frieden, die in alle Ewigkeit andauert. Es gibt keine Gier, denn es ist genug für alle da.

Wenn man in dieser Welt an etwas verhaftet ist, das vorübergehend ist, führt das zu Schmerz. Ist man an die inneren Schätze verhaftet, die geistiger Natur sind, schenkt dies dauerhafte Freude. Die schöpferische Kraft ist ewig. Sie ist allbewusst, sie ist All-Liebe, voll Frieden und Freude. Sie kann nicht zerstört werden und kennt kein Ende. Wenn wir durch Meditation mit dem spirituellen Bewusstsein in uns in Verbindung kommen, werden wir mit dem ewigen Bewusstsein verbunden. Wir können davon nie mehr getrennt werden, da es unsere eigene wahre Natur ist. Meditation verbindet uns mit dem, was von Dauer ist, sodass wir niemals dessen Verlust befürchten müssen oder erleiden.

Besessenheit ist die ungesunde Konzentration auf die Wünsche dieser Welt, sodass wir an nichts anderes mehr denken können. Sie ist ein zerstörerisches Gift, da sie jeden unserer Gedanken, jedes Wort und jede Handlung bestimmt. Menschen können von allem in dieser Welt besessen sein: von Objekten, Abhängigkeiten von berauschenden oder halluzinogenen Drogen, Rauchen, Alkohol, ungesunden Beziehungen oder anderen Obsessionen. Wir fixieren uns auf etwas. Meditation kann eine Besessenheit lindern. Wenn wir von der Freude in uns kosten, dann fokussieren wir uns nicht mehr auf unsere Obsession. Wenn wir größere Freude an unserer Verbindung zu den geistigen Gaben haben, können äußere Obsessionen verschwinden. Viele Menschen heilen ihre

Abhängigkeit von Drogen, Alkohol und Rauchen, indem sie größere Freude in der Meditation finden. Wenn sie die göttliche Berauschung durch Meditation erfahren, verschwinden ihre weltlichen Süchte, weil diese nicht so befriedigend sind.

Neid und Eifersucht vergiften unser Gemüt. Neid lässt uns das begehren, was andere haben. Wir können andere beneiden, ohne dass wir ihnen gegenüber negative Gefühle hegen. Eifersucht führt jedoch zu einer böswilligen Gesinnung gegenüber denjenigen, die haben, was wir wollen. Beides stört unser Gefühl der Zufriedenheit. Wir sind mit unserer eigenen Situation nicht glücklich. Durch Neid sind wir unzufrieden mit uns selbst. Wir meinen, nicht so schön, talentiert, stark, reich, intelligent oder einflussreich zu sein, oder wir glauben, irgendeine andere Eigenschaft nicht zu haben, die wir bei anderen vermuten. Das führt dazu, dass wir uns über das beschweren, was wir haben, und uns wünschen, mehr zu haben. Durch Eifersucht wollen wir nicht nur das, was andere haben. Vielmehr kann Eifersucht mit dem Bestreben einhergehen, anderen für das zu schaden, was sie haben und was wir wollen. Oder wir versuchen, ihnen das wegzunehmen, was ihnen gehört. Eifersucht kann uns dazu bringen, anderen in Gedanken, Worten oder Taten zu schaden. Die Toxine, die unser Denken bestimmen, können uns verzehren. Meditation hilft uns, Neid und Eifersucht zu überwinden, weil wir im Inneren von göttlicher Liebe erfüllt sind. Sie wäscht jedes Gefühl von Neid oder Eifersucht fort, das wir anderen gegenüber haben. Alles in dieser Welt, von dem wir uns mehr wünschen, wird durch eine nie endende Umarmung von Liebe, Frieden und Glück ersetzt.

Wenn wir meditieren, kommen wir mit einer Quelle der Freude und Zufriedenheit in Verbindung. Wir entdecken, dass wir in der äußeren Welt nichts erlangen können, das so befriedigend ist wie die erhabene Glückseligkeit im Inneren. In uns ist ein Funke der Kraft, die alles erschaffen hat, was existiert. Schönheit, Stärke, Intelligenz und andere Eigenschaften unseres physischen Körpers oder Denkapparates können mit dem Alter vergehen. Reichtum und Macht sind situationsabhängig und unterliegen Wirtschaftsschwankungen oder hängen von der Position in einem Unternehmen oder in einer Institution ab. Nichts davon dauert an. Da sie vorübergehend sind, leiden wir, wenn wir sie verlieren. Zu erlangen, was andere haben, verspricht uns keine dauerhafte Freude. Unser materieller Erfolg ist keine Garantie für unser Glück.

Meditation bringt uns mit einer inneren Quelle in Verbindung, die uns ein Glück vermittelt, das nicht davon abhängt, dass wir äußere Dinge erlangen. Sie erfüllt uns mit mehr Freude, als wir durch äußere Schönheit, Macht oder Reichtum haben können. Wir begehren nicht länger, was andere haben, weil wir erkennen, welche spirituellen Reichtümer wir haben.

Wenn wir meditieren, erfahren wir innere Zufriedenheit. Wir verbringen jeden Augenblick des Lebens erfüllt, weil wir alles im Inneren haben und sonst nichts brauchen.

Übung: Erstelle eine Liste der Quellen der Freude in deinem Leben, die nicht von äußerer Schönheit, Macht oder Reichtum abhängen. Suche nach Gelegenheiten, um Zeit mit den Aktivitäten zu verbringen, die dich glücklich machen, ohne von der äußeren, materiellen Welt abhängig zu sein.

KAPITEL 16

Die Freude des selbstlosen Dienens

Wenn wir das Universum betrachten, so staunen wir über alle Lebensformen, die erschaffen wurden. Es gibt Millionen von Lebensarten. Die höchste in der gesamten Schöpfung ist der Mensch. Doch weshalb wurde das menschliche Leben erschaffen? Warum sind wir hier? Dazu gibt es eine Geschichte über einen reichen Mann. Als er eine Straße entlangging, fiel sein Blick auf ein kleines obdachloses Mädchen, das an der Straßenecke stand. Sie trug zerlumpte Kleider und ihr Haar war zerzaust. Mit einem kleinen Becher in der Hand bettelte sie Passanten um Essen an.

Der Mann beobachtete sie, ging aber weiter.

Zuhause angekommen, setzte er sich mit seiner Frau und seinen Kindern zu einem köstlichen Abendessen zusammen. Seine Kinder waren gut gekleidet und besaßen viele Spielsachen. Sein Haus war mit bequemem und wunderschönem Mobiliar ausgestattet. Während er den Abend mit ihnen genoss, dachte er immer wieder an das arme kleine Mädchen von der Straße.

Plötzlich kam Ärger in ihm auf. Wie konnte ein so junges, kleines Mädchen so leiden? In seinen Gedanken wandte er sich an Gott und sagte: „Wie kannst Du nur so etwas zulassen? Warum unternimmst Du nichts, um dem Mädchen zu helfen?"

Gott antwortete: „Ich habe etwas unternommen: Ich habe dich erschaffen."

Diese Aussage erklärt einen der Gründe, weshalb wir hier sind. Die Tiere leben, um zu überleben. Sie fressen, um am Leben zu bleiben, und sie vermehren sich. Das ist alles, was sie tun. Die Menschen stellen die einzige Form in der Schöpfung dar, die für andere lebt. Wenn wir diesen Grund erkennen, können wir das Toxin, blind für das Leid der anderen zu sein, überwinden.

Es heißt, dass Gott die Menschen erschuf, damit sie sich umeinander kümmern. Die Geschichte zeigt: Wann immer wir Gott die Frage stellen, warum Er nichts getan hat, um den Armen, den Bedürftigen und Leidenden zu helfen, wird Er uns erklären, dass Er sehr wohl etwas getan hat - Gott erschuf uns.

Es gab einmal eine schöne Grußkarte zum Muttertag, mit der Aufschrift: „Da Gott nicht überall sein kann, erschuf Er die Mütter." Eine andere Karte enthielt den Spruch: „Da Gott nicht überall sein kann, erschuf Er die Lehrer." Dasselbe können wir über unsere Väter sagen, über Ärzte und Pflegepersonal.

Jeder von uns ist eine Erweiterung Gottes. Eine der Aufgaben in unserem Leben besteht darin, Gott bei seiner Arbeit zu unterstützen. Dies bedeutet zu leben, um anderen zu helfen und ihnen zu geben. Wir können finanzielle Hilfe anbieten. Wir können körperlich Hilfe leisten. Wir können anderen intellektuell helfen. Heilige und Erleuchtete bieten spirituelle Hilfe an. Wenn wir auf andere zugehen und sie unterstützen, leisten wir einen Beitrag, Gottes Arbeit zu verrichten.

Es gibt hingegen noch eine weitere Person, der wir helfen müssen, indem wir Gottes Arbeit tun: Wir müssen auch uns selbst helfen. Ein Teil der Arbeit Gottes, der jeder Einzelne von uns nachkommen muss,

KAPITEL 16: DIE FREUDE DES SELBSTLOSEN DIENENS

besteht darin, Gott zu erkennen. Während wir hier sind, um anderen zu helfen, sind wir auch hier, um uns selbst zu helfen und Gott in diesem Leben zu finden. Wie können wir dies vollbringen? Die Heiligen zeigen uns, wie wir uns selbst durch Meditation wirklich helfen können. Wenn wir nach innen gehen, können wir den wahren Sinn unseres Seins erkennen. Wir können erfahren, dass wir Seele sind, ein Teil Gottes. Meditation kann uns helfen, diese Erkenntnis über unser wahres Selbst und über unseren Schöpfer zu erlangen.

Sobald wir das göttliche Licht in uns erkennen, werden wir dieses Licht auch in allen anderen sehen. Dies wird uns inspirieren, anderen zu helfen. Diese Qualität, Liebe für alle zu hegen, ist eine göttliche Eigenschaft. Gott möchte, dass alle Kinder, die Er als Seelen erschuf, einander lieben. Auch wenn wir äußerlich einen unterschiedlichen Hintergrund haben und verschiedenen Kulturen angehören, so sind wir alle Seelen und Kinder Gottes. Gott ist nicht erfreut zu sehen, dass Menschen miteinander kämpfen. Gott möchte Frieden. Gott möchte, dass jede erschaffene Seele in Harmonie lebt. Gott leidet, wenn Menschen einander töten. Es ist so schmerzhaft, wie wenn Eltern beobachten müssen, dass sich ihre Kinder gegenseitig verletzen. Wie Eltern ihren Kindern beibringen möchten, gut miteinander auszukommen, so möchte auch Gott, dass alle in der Schöpfung friedlich zusammenleben.

Weisheit bedeutet zu lernen, einander zu lieben. Es ist wichtig, alle Menschen mit Liebe und Toleranz zu behandeln. In jeder Lebenssituation sollten wir die Eigenschaften der Liebe und des selbstlosen Dienens zum Ausdruck bringen. Auf diese Weise werden wir die göttliche Liebe verbreiten, wo wir auch hingehen. Gott möchte, dass wir auf andere zugehen und uns um sie kümmern. Eine Eigenschaft eines wahren Menschen besteht darin, für andere Opfer zu bringen. Wir sollten nicht nur unsere eigenen Kinder und Verwandten lieben, sondern alle. Jede Seele ist ein Teil Gottes. Jeder ist ein Geschöpf Gottes. Jeder ist ein Kind Gottes. Alle Seelen wurden aus Liebe und Zuneigung erschaffen.

Im Leben jeder Seele kommt eine Stufe, auf der wir die Liebe Gottes zu schätzen beginnen. Wenn Seelen ihre Verbindung zu Gott wiederherstellen wollen, ist dies der Beginn eines spirituellen Erwachens. Gottes Liebe und Zuneigung für uns sind tiefer als jene von Eltern für ihre Kinder. Wenn wir die Liebe der Eltern für das Kind um ein Vielfaches multiplizieren, werden wir noch immer keine Ahnung vom Ausmaß der Liebe Gottes für jeden Einzelnen von uns haben.

Wenn Eltern uns Liebe schenken, erhalten wir eine kleine Widerspiegelung der Liebe, die Gott für uns hat. Leider sind wir Seelen, die in einem menschlichen Körper eingehüllt sind. Die Begrenzungen der fünf Sinne verhindern, dass wir mit Gott, der Geist ist, kommunizieren. Die einzige Möglichkeit, um Gott zu sehen und mit Ihm zu sprechen, besteht darin, uns mit unserer Seele zu identifizieren. Wenn wir die äußeren Sinne abschalten und uns mit unserem wahren Wesen identifizieren, unserem wahren Bewusstsein, dann können wir Gott finden und Seine Liebe erkennen.

Durch Meditation können wir mit der Liebe Gottes in Verbindung kommen. Die Seele erinnert sich an die Liebe Gottes für uns. Diese Liebe zieht auch unsere Seele nach innen, sodass wir Gott in der Meditation begegnen können. Die Liebe eines Heiligen verfolgt einen einzigen Zweck: uns mit der Liebe Gottes in uns zu verbinden. Es ist eine Liebe, die keiner Gegenleistung bedarf.

Wenn wir Gotterkenntnis erlangen, lassen wir unsere weltlichen Verpflichtungen nicht hinter uns oder vernachlässigen sie, vielmehr wirken wir weiter in der Welt, indem wir die gesamte Schöpfung lieben und ihr dienen. Dann erfüllen wir die beiden Aufgaben, die Gott uns aufgetragen hat, nämlich anderen und uns selbst zu helfen, indem wir Gott im Inneren finden. Gott ist immer für uns da. Wenn wir uns in Zeiten der Not an Gott wenden, findet Er einen Weg, uns zu helfen.

Wenn wir uns bewusst machen, dass wir Menschen das göttliche Geschenk der Liebe und des Mitgefühls für andere erhalten haben, werden wir eine Welt erschaffen wollen, in der wir uns alle an der Hand nehmen, um den Bedürftigen zu helfen. Wir würden den Hungernden, den Obdachlosen, den finanziell Schwachen und den geistig und körperlich Leidenden helfen. Würde jeder von uns anderen helfen, so gäbe es weniger Schmerz und Leid in dieser Welt. Wir müssen auch uns selbst helfen, indem wir Zeit in Meditation verbringen, um Gott in uns zu erfahren.

Dies sind einige Gründe, weshalb Gott uns erschuf. Durch Meditation helfen wir uns selbst, weil wir das göttliche Licht in uns erkennen und dieses Licht auch in allen anderen sehen. Dann können wir unser Leben bewusst führen, um zu geben und anderen zu dienen.

Die heilende Kraft des selbstlosen Dienens

Selbstloser Dienst hat einen Vorteil, den man nicht daran messen kann, ob eine Aufgabe erledigt wurde. Ein nicht messbarer Nutzen des selbstlosen Dienens besteht darin, dass es eine heilende Kraft freisetzt. Selbstloser Dienst stellt sowohl für den Empfänger als auch für den, der selbstlos hilft, eine heilende Kraft dar.

Dazu gibt es eine wahre Begebenheit, die sich nach einem der verheerenden Wirbelstürme in den Vereinigten Staaten von Amerika zutrug. Durch den Hurrikan waren so schwere Überflutungen entstanden, dass Menschen ihr Heim und einen Großteil ihres Besitzes verloren.

Die starken Stürme und Fluten spülten viele Häuser fort und hinterließen Tausende Menschen obdachlos. In andern Gebäuden stieg das Wasser bis in den ersten Stock in zahlreiche Wohnungen und Geschäfte. Somit verloren diese Menschen, die ebenerdig wohnten, all ihren Besitz. Als der Hurrikan vorbeigezogen war, schwemmten die Fluten nach wie vor Autos, Boote und Habseligkeiten aus Wohnungen fort. Alle waren gleichermaßen betroffen – Reiche, die Mittelklasse und auch die ökonomisch Schwachen. Hurrikans machen keinen Unterschied zwischen Reich und Arm und treffen alle gleichermaßen.

Als die Wasserfluten zurückgingen und den Menschen gestattet wurde, die Schutzbereiche zu verlassen, um ihre Wohnungen bzw.

Häuser zu besichtigen, waren sie am Boden zerstört. Bei vielen war nichts mehr übriggeblieben. Als es wieder trocken wurde, sahen sich die Menschen in ihren Häusern um, ob irgendetwas unbeschädigt geblieben war. Nasse Fotos von kostbaren Erinnerungen, zerrissene und beschädigte Kleidung, zerbrochenes Geschirr oder Stücke zerstörter, nasser und schimmliger Einrichtungsgegenstände waren alles, was übriggeblieben war. Über den Verlust ihrer Habseligkeiten hinaus verloren viele auch ihren Job, weil Geschäfte und Unternehmen zerstört waren. Kaputte Fassaden von Geschäften zwangen die Eigentümer, entweder Konkurs anzumelden oder ihr Geschäft zu verkleinern, weil sie es sich nicht leisten konnten, ihre Angestellten weiter zu beschäftigen, bis sie alles wieder errichtet hatten.

Die Feiertage rückten näher und den Menschen wurde bewusst, dass sie kein Geld hatten, um etwas wieder aufzubauen oder zu ersetzen. Ihre Lieblingsaktivität zu den Feiertagen, Geschenke für Kinder, Enkelkinder und nahestehende Personen zu kaufen, war unmöglich geworden. Sie hatten kein Geld, um Geschenke zu kaufen, was sie im Herzen am meisten schmerzte.

Eines Tages klopfte es an der Tür des Hauses einer Großmutter bzw. dessen, was von ihrem Haus übriggeblieben war. Ein netter Herr, verkleidet als Santa Claus, stand da und zeigte Mitgefühl für ihre Situation. Durch die Tür konnte der Mann in das Hausinnere sehen, auf die Überreste eines Hauses mit zerbröckelten Wänden, zerrissenen Tapeten, zerbrochenem Mobiliar und zahlreichen zerstörten Gegenständen. Er griff in seine Tasche und zog etwas aus einem Kuvert.

„Das ist für dich", sagte er. Er übergab ihr drei nagelneue Einhundertdollarscheine als Geschenk, das sie beliebig verwenden konnte. Überwältigt und unter Tränen bedankte sie sich bei ihm. Er war ein Fremder, aber seine Güte war bewegend und überwältigend.

„Ich kann dies verwenden, um Weihnachtsgeschenke für meine Enkelkinder zu kaufen", dachte sie. Sie verwendete das Geld nicht für sich selbst, sondern um anderen etwas zu geben.

KAPITEL 16: DIE FREUDE DES SELBSTLOSEN DIENENS

Der Mann, der als Santa verkleidet war, zog weiter von Haus zu Haus in dieser Ruinenstadt, die vom Hochwasser zerstört war. Er klopfte an einer Tür nach der anderen und überreichte den Menschen, die von den Fluten des Hurrikans mit nahezu nichts zurückgelassen waren, Hundertdollarscheine.

Nachdem dieser wohltätige Fremde allen, denen er begegnete, Geld aus seiner eigenen Tasche gegeben hatte, war noch eine Aufgabe für ihn übrig.

Er rief die Beamten der Polizeiabteilung dieser Stadt zusammen und sagte: „Euer heldenhaftes Vorbild in dieser Zeit der Überschwemmung war eine Inspiration. Obwohl viele eurer eigenen Häuser beschädigt oder zerstört wurden, seid ihr eurer Pflicht nachgekommen und von Haus zu Haus gezogen, um das Leben der Menschen zu retten, die durch das ansteigende Wasser eingeschlossen waren oder Gefahr liefen, davongespült zu werden. Ihr habt die Bedürfnisse der anderen vor eure eigenen gestellt und damit sogar euer Leben riskiert, um andere zu retten."

Der als Santa verkleidete Mann zog wieder ein Kuvert hervor und übergab jedem der Polizeibediensteten und Ersthelfer etwas Geld als Zeichen der Dankbarkeit für ihren Dienst an anderen. Jedem Einzelnen überreichte er hunderte Dollar, die sie für sich selbst nutzen sollten. Die Summe, die der Mann spendete, betrug insgesamt einhunderttausend Dollar. Die Polizisten waren gerührt, dass jemand so etwas für sie tat und ihnen Geld für die Feiertage gab, das sie beliebig für sich nutzen konnten.

Am nächsten Tag sahen die Bewohner der Stadt, dass die Polizei durch die Stadt zog. Sie gingen zu den Personen, die ihr Heim verloren hatten oder deren Wohnungen zerstört waren, sie gingen zu den Unterkünften der Obdachlosen und suchten jene Menschen auf, die sich Essen holten, und gaben allen eine Hundertdollarnote. Es stellte sich heraus, dass die Polizeibeamten so selbstlos waren, dass sie das Geld, das ihnen Santa gegeben hatte, um es für sich selbst zu nutzen, den Bedürftigen gaben. Freudentränen liefen über die Gesichter von Menschen aller Altersstufen und jeglicher Herkunft. Kinder, Jugendliche, Eltern sowie Menschen im mittleren und fortgeschrittenen Alter waren alle von Dankbarkeit für die Großzügigkeit der Polizei erfüllt.

Was die Menschen der Stadt am meisten beeindruckte, war, dass vorher viele die Polizei als Feind betrachtet hatten, den man fürchten musste. Sie hatten die Vorstellung, dass die Polizei nur dafür gut war, die Menschen einzusperren oder Probleme zu verursachen. Zum ersten Mal erkannten viele, dass die Polizisten Menschen mit einem Herzen waren – wie sie selbst. Ihnen wurde bewusst, dass die Polizeibediensteten ebenfalls ihre Heime in den Fluten verloren hatten und ihre Familien mit der Situation kämpften, genauso wie sie selbst. Die Menschen der Stadt erkannten, dass die Polizeibeamten ihr eigenes Heim zerstört zurückließen und ihr Leben riskierten, um sie zu retten. Die unerwartete Belohnung, die ihnen der großzügige Fremde, verkleidet als Santa, für sich und ihre Familien gegeben hatte, wurde also weitergegeben, ohne jeglichen Gedanken an irgendeine Belohnung.

Diese großzügige Geste der Polizei bewirkte ein Gefühl von Verbundenheit und Einheit zwischen ihnen und der Gemeinschaft. Man erkannte, dass die Polizei da war, um den Menschen zu helfen. Dies bewirkte eine Heilung innerhalb der Gemeinschaft, die nun erkannte, dass die Polizisten hier ebenfalls Helden waren, die ihr eigenes Leben für die Sicherheit der anderen riskierten. Nun fürchtete man die Polizisten nicht länger oder wies sie zurück, vielmehr wurde die Gemeinschaft geheilt und zusammengeschweißt. Diese Begebenheit dient uns als Beispiel dafür, wie auch andere Gemeinschaften heil werden können.

Diese wahre Anekdote zeigt die heilende Kraft des Dienens. Das Herz der Gebenden wird weich, heil und von Liebe erfüllt. Zu geben heilt auch das Herz der Empfänger, deren Augen für die Menschlichkeit anderer geöffnet werden.

Die Lehre, die wir aus diesem Ereignis ziehen können, besteht darin, dass selbstloser Dienst nicht bloß eine Arbeit ist, die es zu verrichten gilt. Er ist ein Akt des Heilens, bei dem sich das Herz öffnet und Liebe ausstrahlt. Man kann es nicht anhand der Stunden, die man einsetzt, oder der Anzahl der Projekte, die man durchführt, messen. Es ist ein unvergleichliches Geschenk, das Liebe verbreitet und Heilung bewirkt, wohin wir auch gehen.

Eines der größten Dinge, die ein Mensch vollbringen kann, ist, von sich selbst zu geben, um anderen zu dienen. Die reinste Form von selbstlosem Dienen besteht darin, zu geben, ohne irgendeine Gegenleistung zu erwarten. Dies ist die geistige Haltung, in der wir geben sollten. Es bedeutet, dass wir nicht zur Schau stellen, was wir tun, um Ehre, Lob, Macht, einen guten Ruf oder Berühmtheit zu erlangen. Vielmehr dienen wir aus ganzem Herzen und ganzer Seele im Geiste des Helfens, weil es für uns als Kinder des alles gebenden Schöpfers das Richtige ist. Diese Haltung hat die Kraft zu heilen.

Die Welt heilen

Wenn wir unser Leben so führen, dass wir in einer liebevollen und geduldigen Haltung dienen, inspirieren wir nicht nur jene, mit denen wir zusammenarbeiten, sondern auch andere bemerken unsere Güte. Die Menschen sehen, dass wir etwas Besonderes an uns haben. Sie beobachten, wie ruhig und gesammelt wir sind. Sie sehen, dass wir den Herausforderungen des Lebens mit Gewaltlosigkeit, Liebe und Demut begegnen. Sie stellen fest, dass wir großzügig und selbstlos von uns selbst geben. Diese Eigenschaften werden andere dazu bewegen, ebenfalls ein derart selbstloses Leben führen zu wollen. Dies zeigt die Kraft, Vorbild zu sein und die positiven Eigenschaften in unserem täglichen Leben zum Ausdruck zu bringen. Wenn wir ein Leben in Selbstlosigkeit führen und nicht nur davon sprechen, können wir andere inspirieren, dasselbe zu tun.

Die Art und Weise, wie wir selbstlos dienen, kann unser Gemüt mit all seinen Gedanken und Emotionen reinigen. Wenn wir dienen, haben wir die Wahl, ethisch oder negativ zu handeln. Es gibt Zeiten, in denen die Dinge nicht wunschgemäß verlaufen. Wenn wir beispielsweise warten müssen, ärgern wir uns dann und sind ungeduldig, oder bleiben wir ruhig? Werden wir ärgerlich, ist unser Dienst nicht mehr selbstlos. Die anderen werden sich fragen, was es bringt zu dienen, wenn wir noch immer verletzend agieren. Werden wir ungeduldig, so lassen wir zu, dass uns das Ego übermannt. Wenn wir die Liebe Gottes an andere weitergeben wollen, indem wir ihnen helfen, aber dabei ungeduldig sind, so sind wir kein gutes Vorbild. Die Menschen werden eher unseren Ärger sehen als den Dienst, den wir verrichten. Wahrer Dienst besteht darin, ruhig zu bleiben, selbst wenn eine Situation nicht wunschgemäß verläuft.

Wir können unser Gemüt reinigen, indem wir beobachten, wie wir in verschiedenen Situationen handeln, und sicherstellen, dass wir Geduld entwickeln. Wir können unseren Dienst von den Menschen auf Tiere, Pflanzen und den Planeten erstrecken.

Selbstloser Dienst fördert unsere spirituelle Entwicklung. Unsere Worte und Handlungen entstehen aus unseren Gedanken. Wenn unsere Gedanken darauf abzielen, anderen zu helfen, werden unsere Worte und Handlungen dies widerspiegeln. Wenn wir über die Notwendigkeit sprechen, selbstlos zu dienen, sollten wir es auch selbst praktizieren. Sind wir ein Vorbild in selbstlosem Dienen, so hat dies eine größere Auswirkung, als anderen aufzutragen, wie sie dienen sollen, oder sie dabei zu kritisieren.

Wenn unser selbstloser Dienst vollbracht ist, können wir uns zur Meditation setzen, um die Vorteile zu genießen. Selbst wenn wir einen Dienst verrichten, der einen längeren Zeiteinsatz erfordert, können wir die Früchte davon kosten, wenn wir uns nach Beendigung der Arbeit zur Meditation setzen. Wenn wir eine Frist einhalten müssen, können wir kurze Pausen einlegen, in denen wir meditieren, bevor wir weitermachen. Wenn unsere Pflicht erfüllt ist oder wir den Termin eingehalten haben, können wir meditieren, um den spirituellen Nutzen zu erfahren. Nach vollbrachtem selbstlosem Dienst wird unsere Aufmerksamkeit innen besser konzentriert sein und wir werden empfänglicher sein. Dies kann unseren Fortschritt beschleunigen, sodass wir die inneren Manifestationen des Lichts und Klangs erfahren und unsere Seele mit Gott eins wird.

Es gibt viele wunderbare karitative Projekte in der gesamten Welt. Unabhängig davon, wie verschieden unser Hintergrund ist, wir sind alle eine Familie in Gott. Diese Haltung, Menschen, die anders sind als wir, zu lieben und zu akzeptieren, ist die Grundlage für selbstlosen Dienst. Wir erkennen, dass Dienen mehr bedeutet, als nur denen zu helfen, die uns ähnlich sind, sondern auch all jenen zu helfen, die von uns verschieden sind. Wie der als Santa Claus verkleidete Fremde den Menschen half, die anders waren als er, und dann im Gegenzug auch die Polizeibediensteten den Mitgliedern ihrer Gemeinde halfen, die anders waren als sie, so können auch wir lernen, alle zu lieben und allen zu dienen.

Die heilende Kraft des selbstlosen Dienens hilft den Empfängern und sie hilft, unser eigenes Herz und letztlich die Welt zu heilen.

Die Last anderer übernehmen

Es gibt viele Möglichkeiten zu dienen. Bei manchen Diensten arbeitet man allein. Eine andere Form von Dienst besteht darin, einzuspringen, um die Last anderer zu übernehmen.

In diesem Zusammenhang gibt es eine Geschichte über einen Mann, der eine einflussreiche Führungspersönlichkeit in seinem Land war. Wenn er durch die Stadt ging, kleidete er sich einfach, obwohl er wohlhabend war, damit ihn niemand erkennen würde.

Auf einem seiner Streifzüge sah er einen armen Arbeiter, der eine schwere Last auf seinem Rücken trug. Sie war so schwer, dass der Rücken des Mannes schmerzhaft nach vorne geneigt war, um das Gewicht auszugleichen. Seine Schritte waren sehr langsam, damit die Last nicht herunterfiel.

Die reiche Führungspersönlichkeit empfand Mitgefühl für die Situation des Mannes und sagte: „Kann ich dir helfen, diese schwere Last zu tragen?"

Der Arbeiter erkannte den Mann nicht und war damit einverstanden, ihm seine Last zu übergeben. Er setzte sie ab.

Der einflussreiche Mann hob sie auf und band sie an seinem Rücken fest. Er trug die Last bis zum Bestimmungsort.

Als sie den Ort erreichten, wo das Stück abzuliefern war, ließ der berühmte Mann die Last herunter. Dann griff er in seine Tasche, zog Geld heraus und gab es dem Arbeiter mit der Bitte, ihn zu segnen. Man sollte meinen, dass der Arbeiter dem Mann für das Tragen der Last Trinkgeld hätte geben sollen, doch stattdessen war es umgekehrt.

Der Arbeiter bedankte sich bei dem Mann. Die Führungspersönlichkeit wollte weder Anerkennung noch Geld für die Tat. Er genoss es einfach, still und selbstlos zu dienen.

Das ist wahrer selbstloser Dienst. Wir tun etwas, um jemandem zu helfen, ohne irgendeine Belohnung für uns selbst zu erwarten.

Die Last eines anderen zu tragen, kann eine körperliche Aufgabe sein, beispielsweise jemandem zu helfen, eine Kiste aufzuheben, Möbelstücke zu verschieben oder jemandem Lebensmittel nach Hause zu bringen. Es kann auch eine intellektuelle Aufgabe sein, zum Beispiel jemandem zu helfen, ein Problem zu lösen, jemanden bei den Hausaufgaben zu unterstützen oder mitzuhelfen, Briefe für eine Postaussendung in Umschläge zu stecken.

Das Schöne an dieser Geschichte ist, dass der Mann eine bekannte Führungspersönlichkeit war, aber inkognito durch die Stadt ging, um Gutes zu tun, ohne Lob oder eine Belohnung dafür zu erwarten. Er tat es, weil er anderen sehr gern half. Er verlangte kein Geld für seine Arbeit, sondern gab vielmehr sein eigenes Geld aus, um dem Mann zu helfen.

Manche Arten von selbstlosem Dienst erfolgen anonym. Die anderen wissen nicht, wer etwas tut. Wir verrichten unseren Dienst, ohne dass es die anderen sehen, sodass die Nutznießer unserer Arbeit nicht wissen, wer dabei welche Rolle spielte. Viele Arbeiten verlaufen hinter den Kulissen und keiner weiß, wer die Arbeit verrichtet.

Selbstloser Dienst wird manchmal von anderen wahrgenommen, ein anderes Mal kann er anonym sein. Beide Arten haben ihren Wert und sind in spiritueller Hinsicht von Vorteil, wenn sie selbstlos ausgeführt werden.

Es gibt viele Gelegenheiten, den Menschen anonym Hilfe zukommen zu lassen. Bei Wirbelstürmen, Erdbeben, Überflutungen, Bränden oder Tsunamis schicken wir oft Hilfe in Form von Nahrungsmitteln oder Medizin, und die Empfänger kennen die Personen nicht, von denen all das kam. Wenn wir im Team an einem Projekt arbeiten, wissen die Nutznießer nicht immer, wer welchen Part übernommen hat. Sie wissen vielleicht im Allgemeinen, wer involviert war, aber was wir genau gemacht haben, ist den anderen nicht bekannt. Sie wissen vielleicht, dass jemand freiwillig hilft, aber sie kennen den Namen der Person nicht. Unser Dienen erfolgt somit anonym. Manchmal wollen wir einfach nur etwas Nettes für eine Person tun und es ihr ohne Nachricht hinterlassen. Wir kochen vielleicht etwas für jemanden, der krank ist und selbst nicht kochen kann. Wir besorgen möglicherweise Blumen oder backen für jemanden Kekse. Manchmal hinterlegen wir jemandem eine kleine Überraschung und genießen die Freude, zu wissen, dass wir die andere Person glücklich gemacht haben.

Beide Formen von selbstlosem Dienst – jener, bei dem die Menschen sehen, was wir tun, und auch jener, den keiner sieht – sind gleichermaßen gut, solange sie selbstlos ausgeführt werden. Unsere Aufgabe ist es, unsere Augen für Gelegenheiten offen zu halten, anderen zu helfen, so oft es möglich ist, sei es physisch oder finanziell. Auch wenn wir keinen physischen oder finanziellen Lohn für unseren selbstlosen Dienst erwarten sollten, werden wir feststellen, dass wir auf einer spirituellen Ebene von Gott gesegnet werden und dass sich unser spiritueller Fortschritt sehr beschleunigt.

Wir sollten durch das Leben gehen und achtsam in Bezug auf unsere Mitmenschen sein. Wenn wir sehen, dass sich jemand mit einer Last abmüht, können wir unsere Hilfe anbieten. Ob die anderen sie annehmen oder nicht, wir sollten es wenigstens anbieten. Meditation hilft uns, uns mit dem inneren Licht zu verbinden. Und wenn wir mehr damit in Einklang kommen, erkennen wir, dass dasselbe Licht, das in uns ist, sich auch in den anderen befindet. Da alle unsere Geschwister sind, ein Teil der einen menschlichen Familie Gottes, möchten wir ihnen helfen.

Wir verlieren niemals, wenn wir geben und selbstlos dienen

Eines der großartigsten Dinge, die ein Mensch vollbringen kann, besteht darin, anderen zu dienen. Viele haben Angst zu geben, weil sie sich Sorgen machen, danach weniger zu haben. Sie erkennen nicht, dass im Universum das Gesetz der Fülle wirkt. Wann immer wir selbstlos geben, haben wir letzten Endes mehr.

Meistens glauben die Menschen, weniger zu haben, wenn sie etwas hergeben. Unser Denken ist auf unsere Beobachtungen des materiellen Bereichs beschränkt. Wir meinen, wenn wir fünf Äpfel haben und drei hergeben, bleiben nur noch zwei für uns übrig. Dies entspricht dem Gesetz der Wissenschaft und Mathematik, nach dem unsere physische Welt funktioniert. In der Schöpfung wirkt aber noch ein höheres spirituelles Gesetz, das seinen eigenen Regeln folgt. Wenn wir Situationen, die sich im Verlauf unseres Lebens ereignen, aufmerksam beobachten, entdecken wir, dass hinter diesen verborgenen Gesetzen noch mehr steckt. Wenn sich unsere spirituelle Sicht öffnet, werden wir feststellen, dass wir nicht notwendigerweise weniger haben, wenn wir etwas geben.

Wir verlieren niemals, wenn wir geben und selbstlos dienen. Oftmals im Leben haben wir vielleicht die Erfahrung gemacht, dass wir eine Gelegenheit hatten, jemandem in Not etwas zu geben und ein Opfer zu bringen, aber nur um festzustellen, dass es uns entweder zurückgegeben wurde oder dass sich die Umstände veränderten und wir es nicht hergeben mussten. Dennoch wurden wir mit dem Gefühl der Zufriedenheit belohnt, dass wir für andere ein Opfer gebracht haben. Wir spüren, wie der Segen Gottes auf uns herabkommt.

KAPITEL 16: DIE FREUDE DES SELBSTLOSEN DIENENS

Sind wir selbstsüchtig, können wir oft feststellen, dass wir von Reue und Bedauern erfüllt sind. Es tut uns immer leid, wenn wir nicht gegeben haben. Wenn man hingegen gibt, bedauert man es niemals. Wir werden nicht nur in dieser Welt reich belohnt, sondern auch in der nächsten. Es gibt keine größere Freude, die unser Herz erfüllen kann, als zu geben. Jeder, der einmal selbstlos gegeben hat, wird die Erfahrung gemacht haben, dass man niemals verliert, wenn man gibt. Man stellt fest, dass mehr Segen auf uns herabkommt, ohne dass wir darum gebeten hätten, und dass unser Herz von göttlicher Liebe erfüllt wird.

Wie oft vollbringen wir gute Handlungen, wenn wir andere beeindrucken wollen? Kann es sein, dass wir an unserem Arbeitsplatz demütig und liebevoll mit unserem Chef sprechen, während wir unsere Mitarbeiter oder die uns unterstellten Bediensteten beschimpfen? Wie viele von uns geben nur dann, wenn es für andere offenbar wird, wie großzügig wir sind, während wir in einer einsamen Straße kaltherzig an einem Bettler vorbeigehen?

Wir sollten aus unserer Seele heraus geben. Unser Gemüt gibt aus selbstsüchtigen Motiven. Es möchte von anderen gelobt werden. Es möchte von anderen respektiert werden. Es möchte groß zur Schau stellen, wie gütig und liebevoll man ist, während man in Wirklichkeit nur sich selbst dient. Die Seele gibt um des Gebens willen. Die Seele gibt aus einem aufrichtigen Verlangen, anderen zu helfen. Sie möchte nichts als Gegenleistung. Sie will nicht einmal für das, was sie getan hat, in Erscheinung treten. Wenn die Seele gibt, so ist es Gott in uns, der gibt. Wie Gott keine Gegenleistung für all die wunderbaren Geschenke der Schöpfung, die Er allen Lebensformen gewährt, erwartet, so gibt auch die Seele selbstlos.

Um mit Gott im Einklang zu sein, können wir aus der Seele herausgeben, selbstlos, liebevoll, ohne jegliche Schau und ohne jeglichen Gedanken an eine Gegenleistung. Wir tun es nur, weil wir anderen dienen und deren Leid erleichtern möchten. Diese Form des Gebens aus der Seele heraus hat die Kraft, andere zu heilen. Wir stellen fest, dass wir letztendlich mehr haben, wenn wir geben.

Dazu gibt es eine Geschichte über eine Familie, bestehend aus einem Mann, einer Frau und drei Kindern. Sie waren finanziell gut gestellt, bis der Mann starb. Er hatte nichts angespart und somit hatten die Frau und die Kinder kein Geld. Bald rutschten sie in die Armut ab. Da die Frau keine Arbeit hatte, verfügte sie nicht über die finanziellen Mittel, um sich und ihre Kinder zu ernähren.

Das Einzige, was sie aufrechterhielt, war ihr Glaube an Gott.

Da es nicht genug zu essen gab, fragten die Kinder, was nun geschehen würde.

Die Mutter erklärte ihnen: „Macht euch keine Sorgen. Gott wird für uns sorgen."

Die Frau ging in ein Mietgeschäft und entdeckte eine Nähmaschine. Sie dachte, dass sie Kleider nähen und verkaufen würde und dadurch Geld verdienen könnte. Sie war in der Lage, genug Geld zusammenzukratzen, um die Miete für den ersten Monat zu bezahlen sowie einige Stoffe und Zwirn zu kaufen.

Während die Kinder schliefen, nähte sie bis spät in die Nacht Kleider, um sie zu verkaufen. Mit dem eingenommenen Geld kaufte sie Essen und Schulbücher für ihre Kinder.

Am Ende des Monats war die nächste Mietgebühr für die Nähmaschine fällig. Sie hatte aber das gesamte Geld für Essen und die sonstigen Auslagen zum Überleben ausgegeben. Der Mann, der das Geld für die Nähmaschine eintreiben sollte, schickte ihr eine Mahnung, wonach er sich die Nähmaschine zurückholen würde, wenn sie nicht innerhalb von 24 Stunden zahlen würde.

Am Tag, als die Miete fällig war, kuschelten sich die Kinder zur Mutter.

Das jüngeren riefen: „Was wird nun geschehen, wenn er die Nähmaschine zurückholt? Wie kannst du dann noch Kleider nähen und verkaufen, sodass wir etwas zu essen bekommen?"

KAPITEL 16: DIE FREUDE DES SELBSTLOSEN DIENENS

Plötzlich klopfte es an der Tür. Die Kinder versteckten sich aus Angst vor dem Mann, der die Nähmaschine abholen würde.

Die Mutter erklärte ihnen: „Versteckt euch nicht aus Angst! Es gibt nichts zu fürchten. Gott wird für uns sorgen."

Die Mutter öffnete die Tür, im Glauben, dass der Mann gekommen sei, der ihr die Maschine vermietet hatte. Stattdessen sah sie einen anderen Mann an der Tür, den sie noch nie zuvor gesehen hatte. Er hielt ein Baby im Arm.

Der Mann war aufgeregt und sagte: „Bitte, können Sie mir helfen? Meine Frau ist krank geworden und befindet sich im Krankenhaus. Wir haben niemanden zu Hause, der sich um das Baby kümmern kann. Ich muss zur Arbeit, habe aber keinen Babysitter, der auf das Kind aufpassen könnte. Da ich gerade erst in diese Gegend gezogen bin, kenne ich niemanden, den ich um Hilfe bitten könnte. Man nannte mir nur Ihren Namen mit der Anmerkung, dass Sie eine gütige Frau sind, die selbst Kinder hat und sich um mein Kind kümmern könnte, bis sich meine Frau erholt hat."

Da die Mutter großzügig und fürsorglich war, erwiderte sie: „Ja, ich werde mich um das Baby kümmern."

Ihre eigenen Kinder zupften sie am Rock und zogen sie in den Nebenraum. Sie folgte ihnen und sie sagten: „Mama, wie kannst du dich nur um dieses Kind kümmern, wenn du kaum Geld hast, um uns zu versorgen?"

Die Mutter meinte: „Macht euch keine Sorgen. Gott wird schon vorsorgen."

Die Mutter ging zurück zur Haustür und sagte: „Ja, ich werde auf Ihr Kind aufpassen, während Ihre Frau im Krankenhaus ist." Tränen stiegen in seinen Augen hoch und er bedankte sich innig.

Er übergab ihr das Kleinkind. Sie umarmte das Baby und vermittelte dadurch dem Mann Zuversicht, dass sein Kind in liebevollen Händen war.

Beim Abschied hinterließ er ihr ein Kuvert. Nachdem er gegangen war, öffnete sie den Brief. Sie zeigte ihn ihren Kindern mit einem Lächeln und sagte: „Seht ihr, Gott sorgt wirklich für uns."

Der Mann hatte Geld und folgende Notiz in den Umschlag gesteckt: „Hier ist Geld für die Betreuung des Kindes. Ich werde jede Woche denselben Betrag geben." Als die Frau das Geld zählte, war es nicht nur genug, um die Miete für die Nähmaschine, die sie noch schuldete, zu bezahlen, sondern auch um Essen für die Familie zu kaufen.

Sie dankte Gott, dass Er wirklich für sie und ihre Familie sorgte.

Wenn wir über unser Leben nachdenken, erinnern wir uns vielleicht an Zeiten, in denen die Dinge düster und trostlos erschienen. Wir standen vielleicht vor einem Problem nach dem anderen. Doch wenn wir an diese Zeiten denken, stellen wir möglicherweise fest, dass sich Gott am Ende wirklich um uns kümmerte und alles zum Besten verlief, als wir uns trotz eigener Schwierigkeiten um andere kümmerten.

Die Gesetze der Physik auf dieser Erde lassen uns vielleicht glauben, dass die Frau hätte ablehnen sollen, dem Mann zu helfen, weil sie selbst kaum genug Geld hatte, um ihre Kinder zu ernähren, und keine Zeit, um das Baby zu beaufsichtigen, zumal sie ja hätte nähen müssen. Sie hatte weder Geld noch Zeit zu geben. Doch sie hatte Vertrauen in Gott und wusste, dass Gott helfen würde, wenn sie die Entscheidung traf, selbstlos zu geben. Daher übernahm sie bewusst die Fürsorge für das Baby, ohne zu wissen, dass der Mann sogar dafür zahlen würde.

Auch wenn sie kein Geld erwartete, war sie froh darüber, dass er ihr, nachdem sie ihm ihre Hilfe zugesagt hatte, nicht nur Geld für die Beaufsichtigung des Babys gab, sondern mehr als genug. So konnte sie die Miete für die Nähmaschine rechtzeitig begleichen. Außerdem hatte sie ein finanzielles Polster, um ihre Kinder zu ernähren und auch die Miete für das Haus zu bezahlen, unabhängig davon, wie viele Kleider sie verkaufen würde. Die Frau erhielt schließlich viel mehr, als sie sich jemals erhofft oder erbeten hätte.

Dies ist eines von vielen Beispielen, die wir entdecken, wenn wir unseren Blick für die spirituellen Gesetze öffnen, die im Universum wirken. Für diejenigen, die selbstlos geben, sorgt Gott.

Durch tägliche Selbstüberprüfung können wir sehen, wie viele Gelegenheiten sich für uns ergeben, mit anderen zu teilen, ohne etwas als Gegenleistung zu erwarten. So wie die Frau, die selbstlos gab, obwohl sie dachte, von einem materiellen Standpunkt aus dazu nicht in der Lage zu sein, aber sie gab dennoch. Wir können sehen, wie Gott – aufgrund ihrer Selbstlosigkeit – für sie sorgte. Gott gab ihr nicht nur einen Ausgleich für das, was sie tat, sondern Er gab ihr im Gegenzug noch mehr. Dies sind spirituelle Gesetzmäßigkeiten, die unserem physischen Auge verborgen sind. Wenn wir nach den spirituellen Gesetzen leben, werden viele Segnungen über uns kommen. Solche Erfahrungen vermitteln uns das Vertrauen, dass wir gut durch schwere Zeiten gehen können.

Während sich die Kinder vor ihrem Schicksal fürchteten, verließ sich ihre Mutter auf ihren Glauben an Gottes Güte und an die spirituellen Gesetze, sodass sie wusste, dass alles gut ausgehen würde. Wir können diese Prinzipien in unserem eigenen Leben ausprobieren. Wir können immer bereit sein, zu geben und zu helfen. Wir sollten in Zeiten von Schwierigkeiten nicht die Hoffnung verlieren, sondern unser Vertrauen in Gott setzen, dass letzten Endes alles gut ausgehen wird. Wir verlieren nie, wenn wir geben.

Durch selbstloses Handeln, verbunden mit Meditation, können wir diese spirituellen Gesetze erfahren und sehen, wie Gottes Güte und Fülle in unserem Leben wirken.

Übung: Denke an Zeiten, in denen du selbstlos geholfen hast, und erinnere dich daran, wie du dich dabei gefühlt hast. Vergleiche diese Erfahrung mit Zeiten, als du etwas Materielles als Entlohnung für deinen Dienst erhalten hast. Erkennst du einen Unterschied zu jener Zeit, als du gedient hast, ohne einen materiellen Gewinn zu erwarten, aber mit der Zeit dennoch ungebeten etwas für deine Hilfe zurückerhalten hast? Erstelle eine Liste weiterer Möglichkeiten in deinem Leben, anderen selbstlos zu dienen.

KAPITEL 17

Meditation – die Lösung für Stress, Angst, Furcht, Panik und Sorgen

Stress, Angst, Furcht und Panik

Stress und Angst sind natürliche physiologische Reaktionen, die als Warnsystem zum Überleben dienen. Sie signalisieren unserem Gehirn Handlungsbedarf, um uns selbst oder unsere Lieben zu schützen. Ohne diese Reaktionen würden wir möglicherweise Bedrohungen für unser Leben nicht bemerken. Sie beginnen mit einem Gefühl der Gefahr, und gleichzeitig steigt der Blutdruck, damit wir bereit sind, zu fliehen oder zu kämpfen. Unser Herz pocht. Unsere Brust spannt sich an. Wir machen uns bereit zu reagieren, um uns selbst zu retten.

Heutzutage reagieren wir jedoch oft auf einfache Auslöser mit derselben Intensität, wie auf ein lebensbedrohliches Ereignis. Jemand schneidet uns beim Autofahren und wir regen uns auf. Ein Familienmitglied lässt zuhause etwas fallen und hebt es nicht auf, und wir rasten aus. Jemand teilt unsere Meinung nicht, und wir greifen die Person verbal an. Wir erhalten nicht, was wir wollen, und bekommen einen Wutanfall. Allen diesen Handlungen gehen Kampf- oder Flucht-Reaktionen voraus. Stress, Angst, Furcht und Panik setzen Cortisol und Adrenalin in unserem System frei, die unseren Körper, unsere Gedanken und Emotionen überfluten. Kampf- oder Flucht-Reaktionen ersetzen logisches und rationales Denken. Wir entfernen uns weit von einem Zustand der Ruhe und Gelassenheit.

Machen wir uns bewusst, wie sehr unser Alltag von Stress, Angst, Panik und Furcht beeinträchtigt wird. Situationen bei der Arbeit und zuhause aktivieren diese Toxine. Die Fahrten zur Arbeit und zurück verursachen Stress. Finanzielle, gesundheitliche und familiäre Schwierigkeiten sowie Beziehungsprobleme lösen Stress und Angst aus. Wenn wir dafür keine Lösung finden, geraten wir in einen Zustand von Panik und Angst.

Neben unseren persönlichen Problemen trägt eine tägliche Flut an Nachrichten aus unserer Region, unserem Land und der Welt zu unserer Angst und Furcht bei. Wir hören von Naturkatastrophen, Kriegen, Epidemien, Gewalt, wirtschaftlicher Instabilität und Armut, und das entsetzt uns. Wenn wir keine Lösung für diese Probleme sehen, nehmen unser Stress und unsere Angst zu.

Wenn wir in Angst, Stress, Furcht und Panik leben, so ruft dies einen dunklen Wirbel an Giftstoffen hervor, der uns davon abhält, ein ruhiges und friedliches Leben zu führen.

Übung: Was löst Angst in dir aus? Was verursacht Stress in deinem Leben? Denke an Zeiten, in denen du Angst oder Panik gespürt hast. Überlege, wie weit dich diese Gemütszustände von Glück und Frieden entfernt haben. Denke darüber nach, wie viel Freude du hättest, wenn du diese Toxine aus deinen Gedanken und Emotionen entfernen könntest.

Sorge um Vergangenheit und Zukunft

Selbst wenn wir das Glück haben, mit den Toxinen Angst und Stress, von denen wir bombardiert werden, zurechtzukommen, finden zwei weitere Giftstoffe ihren Weg in unser System und verhindern innere Ruhe: Sorge um die Vergangenheit und um die Zukunft.

Sich Sorgen wegen der Vergangenheit zu machen, bedeutet, dass man etwas bedauert, das man nicht ändern kann. Die Vergangenheit ist vorbei. Wir können nicht ändern, was geschehen ist. Trotzdem hält uns das Toxin, über vergangene Ereignisse nachzugrübeln, davon ab, Frieden zu empfinden. Wie ein Film von einer Katastrophe, der immer wieder abgespielt wird, erleben wir das Trauma immer wieder. Dies führt dazu, dass die Giftstoffe erneut hochkommen. Manche Menschen beschäftigen sich zwanghaft mit vergangenen Traumata und können sich nicht auf das konzentrieren, was in der Gegenwart geschieht. Wenn es ein schwerwiegendes Trauma war, leiden Menschen unter posttraumatischen Belastungsstörungen (PTBS), und jeder ähnliche Auslöser, auch wenn er weniger gravierend ist, kann dieselbe intensive Angst und Panik hervorrufen, die man ursprünglich erlebt hat. In geringerem Maße gilt das auch für weniger traumatische Erlebnisse. Wir können analysieren, wie oft wir vergangene Ereignisse am Tag erneut in Gedanken durchleben und dabei Kummer, Bedauern und Sorge empfinden. Der gegenwärtige Augenblick, in dem wir uns friedvoll auf das Hier und Jetzt konzentrieren sollten, wird von Erinnerungen an Vergangenes, das wir bedauern, bestimmt.

Wir können aber auch an dem Toxin der Sorge um die Zukunft leiden. Wir stellen uns alles vor, was schiefgehen könnte, und fürchten uns vor dem nächsten Tag. Anstatt uns den Situationen zu stellen, wenn sie eintreten, entwerfen wir Szenarien, die vielleicht eintreten könnten, und geraten in Panik. Wenn wir jedoch nach einiger Zeit zurückblicken, ist vieles von dem, wovor wir Angst hatten, nie geschehen. Wir haben viele Augenblicke mit erdachten Szenarien vergeudet, anstatt uns auf die Realität zu fokussieren, die in diesem Moment geschieht. Die Giftstoffe der Sorge um die Zukunft fressen uns auf und rauben uns Frieden und Glück.

Übung: Schreibe deine Sorgen über die Vergangenheit auf. Notiere dann deine Zukunftsängste. Überlege, wie viel Zeit du jeweils mit den Gedanken an sie verbringst und wie sie dich davon abhalten, den gegenwärtigen Augenblick zu erleben. Denke an den Frieden, den du gern in genau diesem Augenblick spüren würdest, und daran, wie er von den Sorgen und Ängsten um Vergangenheit und Zukunft aufgefressen wird.

Stress, Ängste, Furcht, Panik und Sorgen überwinden

Toxine, die sich verheerend auf unsere physische, psychische und emotionale Gesundheit auswirken, sind Stress, Angst, Furcht, Panik und Sorge. Sie setzen Hormone frei, die zu stressbedingten Krankheiten führen. Wir werden in eine Abwärtsspirale gezogen, aus der viele Menschen sich nicht allein befreien können. Leider wenden sich einige Drogen und Alkohol zu, um mit diesen Giftstoffen zurechtzukommen, und denken, dies sei die Lösung. Chemische Methoden mit ihren riskanten Nebenwirkungen können aber die ursprünglichen Probleme verschlimmern.

Stress, Angst, Furcht, Panik und Sorge entstehen, wenn wir uns mit Unbekanntem konfrontiert sehen. Wir stellen uns vor, was uns in der Zukunft widerfahren wird. Wir erinnern uns an vergangene Ereignisse, die uns Leid gebracht haben, und haben Angst davor, dass dies wieder geschieht. Vielleicht denken wir auch an all die Dinge, die schieflaufen und uns schaden können. Wir sorgen uns in Gedanken um Dinge, die vielleicht gar nicht eintreten werden. Angst ist wichtig, wenn wir einer tatsächlichen Bedrohung für unser Überleben ausgesetzt sind, da sie den Kampf- oder Flucht-Reflex auslöst und uns so schützt. Doch Angst, Furcht und Panik können auch von unserer Einbildungskraft ausgelöst werden. Wenn wir keiner wirklichen Bedrohung ausgesetzt sind, unsere Gedanken oder Emotionen aber signalisieren, wir seien in Gefahr, werden Stresshormone ausgeschüttet, die schädliche Auswirkungen auf unseren Körper, unsere mentale und emotionale Verfassung sowie unsere Psyche haben können.

Meditation befreit von Stress. Sie kann Ängste reduzieren, die von Sorgen über etwas verursacht sind, das vielleicht gar nicht eintreten wird. Wenn wir mental und emotional ruhig sind, können wir unseren Ängsten besser begegnen.

Dies lässt sich anhand der Geschichte eines Jungen, der in einem großen Haus aufwuchs, veranschaulichen. Als seine Eltern verreisten, baten sie Verwandte, bei ihm zu wohnen. Bevor sie abreisten, sagten sie ihm, er solle nicht auf den Dachboden gehen, aber sie erklärten ihm nicht warum. Der Grund war, dass sich dort viele Familienerbstücke befanden und sie verhindern wollten, dass er etwas zerbrach. Das teilten sie ihm aber nicht mit. Was geschieht, wenn unsere Eltern uns etwas verbieten? Wir wollen dann sofort das Gegenteil tun. Sobald die Eltern des Jungen weg waren, wollte er auf den Dachboden gehen.

Da er vorher noch nie auf dem Dachboden gewesen war, dachte der Junge, es würde Spaß machen zu sehen, was es dort gab. Er stieg die Treppe zum obersten Stockwerk hinauf. Die Stufen knarrten, weil sie abgenutzt waren, denn das Haus war Hunderte von Jahren alt. Als er oben ankam, sah er, dass die Dachbodentür mit einem Vorhängeschloss abgesperrt war. Er spähte durch ein großes Schlüsselloch hinein, um zu sehen, was drinnen war.

Plötzlich bekam er den größten Schreck seines Lebens. Durch das Schlüsselloch sah er ein großes Monster, das ihn anstarrte. Er schrie und rannte, so schnell er konnte, die Treppe hinunter.

Zitternd vor Angst setzte er sich im Erdgeschoss hin. Er hatte in diesem Haus schon viele Jahre mit seinen Eltern gelebt und nie zuvor das Monster gesehen. Niemand hatte ihn jemals davor gewarnt.

ENTGIFTE DEN GEIST

Der Junge dachte: „Vielleicht ist das Monster auf dem Dachboden eingeschlossen und kann nicht herauskommen. Vielleicht habe ich es deshalb noch nie gesehen. Was geschieht, wenn es herauskommt? Wenn ich hier ganz allein bin, tötet es mich vielleicht. Und was geschieht, wenn es bei der Rückkehr meiner Eltern herauskommt und sie umbringt?"

Er wollte nicht mit seinen Verwandten darüber sprechen oder seine Eltern anrufen und ihnen davon erzählen, damit sie ihn nicht für einen hilflosen Feigling hielten.

„Ich weiß, was ich tun werde", dachte der Junge. „Ich werde groß und stark werden und das Ungeheuer selbst umbringen. Ich werde trainieren und Muskeln aufbauen. Wenn ich das Bogenschießen erlerne, kann ich einen Pfeil abschießen und so meine Familie vor dem Monster bewahren."

Der Junge verbrachte Tag und Nacht damit, zu trainieren und Gewichte zu stemmen, um Muskeln aufzubauen. Außerdem nahm er Unterricht im Bogenschießen, denn er wollte diese Technik beherrschen, um seine Familie zu beschützen. Seine ganze Zeit verbrachte er damit, sich auf den Kampf mit dem Ungeheuer vorzubereiten. Er war entschlossen, die nötige Kraft vor der Rückkehr seiner Eltern zu erlangen, denn er wollte nicht, dass das Monster ihnen etwas antat.

Bald lag die gesamte Aufmerksamkeit des Jungen darauf, wie er das Ungeheuer erschlagen könnte. Er konnte an nichts anderes mehr denken. Deshalb spielte er nach der Schule nicht mehr mit seinen Freunden und verzichtete auch auf andere Vergnügungen. Er konnte sich nur noch darauf konzentrieren, wie er das Monster auf dem Dachboden umbringen könnte.

Am Tag vor der angekündigten Rückkehr seiner Eltern entschied der Junge, dass er stark genug war, um es mit dem Ungeheuer aufzunehmen. Seine Muskeln waren stark und kräftig geworden. So legte er die Rüstung an, die als Dekoration in einem der Zimmer des Hauses stand, und hatte Pfeil und Bogen bereit.

Er wählte einen schweren Hammer, um das Vorhängeschloss aufzubrechen. Als er oben an der Treppe ankam, brach er das Schloss schnell auf, wodurch sich die Tür sogleich öffnete. Dann nahm er all seinen Mut zusammen, zielte schnell mit dem Pfeil und schoss direkt in das Herz des Monsters.

Plötzlich flogen überall Vogelfedern und Baumwolle herum. Er hatte erwartet, dass das Ungeheuer mit dem Pfeil im Herzen zu Boden stürzen würde, aber stattdessen fand er heraus, dass das Monster nur eine ausgestopfte Baumwollpuppe war, die täuschend echt aussah. Die ganze Zeit hatte er geglaubt, es gäbe ein Ungeheuer, aber es war nur ein großes Spielzeugmonster.

Der Junge erkannte, dass alles, wovor er Angst gehabt und dem er seine ganze Zeit gewidmet hatte, um es zu zerstören, nur ein Hirngespinst gewesen war. Er hatte das Ungeheuer für echt gehalten. Die Angst, mit der er gelebt hatte, war nur ein Ergebnis seiner eigenen Vorstellungskraft gewesen, die ihm einen Streich gespielt hatte.

Genau dasselbe passiert uns. Wir halten einen großen Teil dessen, was uns im Leben widerfährt, für ein furchteinflößendes Monster. Unbedeutende Dinge werden zu großen Ängsten aufgeblasen, die uns in Furcht und Panik versetzen. Wir verbringen unser Leben damit, die Ungeheuer zu töten, vor denen wir Angst haben, um schließlich zu entdecken, dass sie lediglich aus Baumwolle bestehen. Wir verbringen viele Atemzüge in unserem ganzen Leben damit, eingebildete Bedrohungen zu bekämpfen.

Wie können wir unsere Psyche von diesen Ängsten und Sorgen befreien und ein Leben in Frieden führen?

Meditation ist eine Lösung für die Toxine von Stress und Angst. Wie geschieht das? Durch Meditation verbinden wir uns mit einer inneren Stärke, die uns furchtlos macht. Wir kommen mit einer inneren spirituellen Kraft in Berührung, die uns Ruhe und Ausgeglichenheit schenkt.

Ein Kind, das Angst vor der Dunkelheit hat und sich alle möglichen Arten von Ungeheuern im Schrank oder unter dem Bett vorstellt, schaudert bei dem Gedanken daran. Wenn aber Mutter oder Vater kommen und das Kind halten und trösten, fühlt sich das Kind sicher. Ebenso erfahren wir Sicherheit und Trost, wenn wir unser inneres Wesen erfahren, das mit der Kraft verbunden ist, die alles erschaffen hat. Wir unternehmen immer noch Schritte im Äußeren, um uns gegen tatsächliche Bedrohungen zu schützen, aber wir werden von einem Gefühl der Stabilität berührt, die von einer Kraft kommt, die größer ist als wir und uns ermöglicht, uns gegen unnötige Sorgen abzuschirmen. Je mehr Zeit wir in Meditation auf das innere Licht und den inneren Klang verbringen, desto mehr verbinden wir uns mit der inneren Quelle der Stärke und Furchtlosigkeit, die uns von unbegründeten Ängsten befreit.

Wenn wir Angst, Furcht oder Panik verspüren, können wir die Gründe dafür auflisten. Dann können wir uns selbst fragen, ob es eine tatsächliche Bedrohung für uns ist oder ob wir uns nur um etwas Sorgen machen, das vielleicht geschehen wird. Wenn es sich um eine tatsächliche Bedrohung handelt, können wir einen Handlungsplan vorbereiten, um uns zu schützen. Während wir handeln, ist es unnötig, das Toxin der Sorge weiterhin durch uns strömen zu lassen. Durch Meditation können wir in einen Zustand der Ruhe kommen, in der wir dann die Situation realistisch einschätzen können. Wenn wir in eine bedrohliche Lage geraten, haben wir einen Plan.

Wenn wir jedoch eine Situation analysieren und erkennen, dass es sich nur um eine eingebildete Bedrohung handelt, kann Meditation uns Ruhe schenken. Durch Meditation werden wir ausgeglichen und innerlich gefestigt. Dann können wir unterscheiden, ob es etwas gibt, wovor wir Angst haben müssen, oder ob es nur eine unwahrscheinliche Möglichkeit ist. So können wir uns selbst auf alle Eventualitäten vorbereiten, uns aber nicht von Angst und Furcht vergiften lassen, wenn es nichts gibt, das uns bedroht.

Sorge um Vergangenheit und Zukunft überwinden

Sorgen über Vergangenheit und Zukunft ziehen unsere Aufmerksamkeit vom gegenwärtigen Augenblick ab. Wenn wir uns in einem Kurort befinden, ist um uns herum Natur in all ihrer Pracht und ihrem Überfluss. Unser Körper verjüngt sich in einer Heilquelle, wo wir in warmem Wasser baden. Alles ist gut. Der gegenwärtige Moment ist voller Frieden. Aber plötzlich erinnern wir uns an vergangene Schmerzen. Unsere Psyche kann unsere Aufmerksamkeit auch auf Zukunftsängste richten. Die friedliche Stimmung wird durch Sorgen über die Vergangenheit oder Zukunft gestört. Wir können die Vergangenheit nicht ändern und die Zukunft nicht vorhersagen. Wir sorgen uns um etwas, das wir nicht ändern können, oder um etwas, das vielleicht geschieht oder auch nicht.

Meditation verschafft Erleichterung, wenn wir uns um Vergangenheit und Zukunft Sorgen machen. Wenn wir uns in das innere Licht und den inneren Klang vertiefen, gelangen wir in einen Zustand der Glückseligkeit. Dann leben wir in der Gegenwart und gleichzeitig in der Ewigkeit. Da wir in Verbindung mit dem inneren Licht und Klang stehen, erfahren wir Allbewusstsein, Glückseligkeit und Liebe. Kummer und Sorgen der Welt verschwinden. Die Toxine vergangener Sorgen und künftiger Ängste verfliegen. Wir erleben immerwährende Glückseligkeit.

Wenn wir verliebt sind, haben wir keine Sorgen. Zeit und Raum sind vergessen. Wir denken nicht an die Vergangenheit und die Zukunft. Stattdessen leben wir im Jetzt und genießen den gegenwärtigen Augenblick. Wenn wir im Licht- und Klangstrom aufgehen, erfahren wir innere Glückseligkeit. Vergangene Sorgen und zukünftige Ängste lösen sich auf.

Durch Meditation wird der Zustand des Unglücklichseins durch Glück ersetzt, vergangener Ärger wandelt sich in Gewaltlosigkeit, vergangene Angst wird durch Friedfertigkeit abgelöst und vergangener Hass durch Liebe. Jedes Problem, das uns begegnet, wird durch die Erhebung und Freude, die wir in der Meditation erleben, abgemildert.

Unsere Sorgen in Gottes Hände legen

Das Leben ist voller Herausforderungen. Täglich, vielleicht sogar stündlich, geht etwas schief, das uns Sorgen bereitet. Vielleicht befinden wir uns finanziell in einer Krise, haben gesundheitliche Schwierigkeiten oder Beziehungsprobleme. Oft haben wir zur selben Zeit mehr als eine Herausforderung, die an unsere Tür klopft.

Gleichzeitig sagt man uns, dass Sorgen schlecht für unsere Gesundheit sind. Ärzte erklären uns, dass Sorgen stressbedingte Krankheiten verursachen können. Wie können wir mit all unseren Problemen zurechtkommen, ohne zu riskieren, dass Stress uns krank macht?

In diesem Zusammenhang gibt es eine Geschichte über einen Mann, der am Ufer des Toten Meeres spazieren ging. In Gedanken versunken, gab er nicht acht, wohin er stieg. Sein Fuß glitt auf einem Felsen aus und er fiel in die Tiefe des Meeres.

Da er nicht schwimmen konnte, geriet er in Panik. Er schlug mit seinen Armen und Beinen um sich, aber da er nicht schwimmen konnte, war er nicht in der Lage, aus dem tiefen Wasser herauszukommen. Er bewegte seine Arme weiter, aber das machte ihn nur noch müder. Als er außer Atem war und mit seinen Armen und Beinen nicht länger um sich schlagen konnte, erkannte er, dass er sterben würde.

Er dachte an all die Dinge, die er in seinem Leben noch geplant hatte, und war traurig, dass er sie nicht mehr umsetzen konnte. Erschöpft bereitete er sich in Gedanken auf seinen Tod vor. Da er keine Energie mehr hatte, hörte er auf, um sich zu schlagen. Er gab schließlich auf, lag nur im Wasser und wartete darauf zu ertrinken.

Er lag zehn Sekunden da, zwanzig Sekunden, dreißig Sekunden, eine Minute. Er war schockiert, dass er noch am Leben war. Der Mann erkannte, dass er nicht sank, sondern friedlich auf dem Wasser dahintrieb. Sein Körper und seine Muskeln entspannten sich vollkommen. Ruhig trieb er dahin.

Plötzlich erinnerte er sich daran, wohin er gefallen war. Er hatte vergessen, dass er sich im Toten Meer befand. Dieses Gewässer enthält so viel Salz und Mineralien, dass man leicht darin treiben kann. Wenn er das erkannt hätte, hätte er keine Angst davor haben müssen, zu ertrinken. Er hätte darauf vertrauen können, dass ihn das Wasser an der Oberfläche halten würde.

Diese Geschichte lehrt uns, wie wir unsere Sorgen überwinden können. Ein Schlüssel ist, unsere Sorgen in Gottes Hände zu legen. Auch wenn unsere Probleme weiterhin bestehen, müssen wir ihnen nicht noch Sorgen hinzufügen, die uns krank machen könnten. Wir können uns in Ruhe eine Möglichkeit überlegen, wie wir sie lösen können, ohne sie mit Sorgen zu verschlimmern. Wenn wir unsere Sorgen in Gottes Hände legen, können wir auf Gottes Hilfe vertrauen.

Wir machen uns Sorgen darüber, was Menschen uns in der Vergangenheit gesagt oder getan haben. Eine Lösung ist, die Vergangenheit und das Unrecht, das uns andere angetan haben, loszulassen. Wenn wir unsere vergangenen Sorgen in Gottes Hände legen, bleibt unser Blick klar. Das reinigt unsere Gedanken und Emotionen von den Giftstoffen, die mit alten Verletzungen einhergehen, die wiederum oft zu Ärger führen. Wenn wir Gott die Sorgen überlassen, entgiftet das unsere Gedanken und unser Herz, sodass wir inneren Frieden genießen können.

Warum sollten wir uns um eine Vergangenheit Sorgen machen, die wir nicht ändern können? Eine Möglichkeit, die uns helfen kann, vergangene Sorgen in Gottes Hände zu legen, ist zu vergeben. Wem sollten wir vergeben? Eltern und Kinder können sich gegenseitig alle Verletzungen vergeben, indem sie sich entschließen, sie zu vergessen. Freunde und Kollegen können sich gegenseitig alle Missverständnisse vergeben, reinen Tisch machen und von Neuem beginnen. Das wird die Zahl der Dinge reduzieren, über die wir uns Sorgen machen.

Was geschieht, wenn wir nicht vergeben und vergessen? Wir machen uns Sorgen. Dieselbe schmutzige Wäsche wird in die Zukunft mitgenommen. Wir spielen dieselben alten Filme mit all den Sorgen immer wieder ab. Wir verzögern unser eigenes Glück. Wollen wir die Glückseligkeit im Inneren dagegen eintauschen, uns darauf zu konzentrieren, uns um alle Menschen und Probleme zu sorgen, die uns in der Vergangenheit heruntergezogen haben? Sollten wir nicht lieber unser Herz und unsere Seele mit Freude erfüllen?

Wenn wir meditieren, müssen wir uns nicht mehr um die Vergangenheit, die wir nicht ändern können, Sorgen machen. Wir können den Ärger loslassen. Was ist das Ergebnis? Wir werden klar sehen und so Glück im Inneren erfahren. Wollen wir zulassen, dass Sorgen um eine andere Person uns hindern, friedvoll zu sein? Wenn wir uns ständig mit den Verletzungen beschäftigen, die uns eine andere Person zugefügt hat, geben wir dieser Person die Macht, zwischen uns und der Freude zu stehen. Um Kummer und Qualen loszuwerden, können wir unsere Sorgen in Gottes Hände legen und vergeben und vergessen. Wenn wir vergangene Sorgen loslassen, werden wir belohnt, indem wir innerlich erwachen und die spirituellen Schätze erfahren.

Wir werden dann nicht länger herumrudern, um im Leben nicht unterzugehen. Stattdessen werden wir im Meer der spirituellen Liebe schwimmen. Unendliche und unaussprechliche Glückseligkeit wird jede Pore unseres Wesens erfüllen. Eine Welle berauschender Liebe nach der anderen wird uns durchströmen. Wir werden vor göttlicher Freude überschäumen. Ganz gleich, wie vielen Problemen wir uns im Äußeren gegenübersehen, die innere Glückseligkeit beschützt und unterstützt uns. Das wird uns durch die Schwierigkeiten des Lebens tragen.

Diese Stufe können wir erreichen, wenn wir meditieren und aufhören, uns Sorgen zu machen. Das nächste Mal, wenn wir uns Sorgen machen, sollten wir uns überlegen, ob es die kostbare Lebenszeit wert ist, uns in Gedanken über Dinge zu verstricken, die vielleicht geschehen werden oder auch nicht. Wenn es eine reale Gefahr gibt, sollten wir, statt uns zu sorgen, genaue Pläne machen, wie wir die Bedrohung abwenden können. Wenn wir handeln, haben wir alles getan, was wir können. Es ist unnötig, diese Handlungen mit Sorge zu begleiten. Es ist nützlich zu handeln, doch Sorgen führen zu nichts. Wir tun unser Bestes, und dann nutzen wir die uns verbleibende Zeit damit, etwas zu tun, was anderen oder uns selbst hilft. So können wir viele unserer Sorgen beseitigen.

Wenn wir die Tür für die Meditation öffnen, schließen wir sie von diesem Augenblick an für allen äußeren Kummer und Sorgen. Wir stellen alle Verletzungen vor der äußeren Tür ab. Wir erklären unserem Gemüt, dass wir uns bewusst dafür entscheiden müssen, alle früheren Verletzungen zu vergessen, allen und alles aus der Vergangenheit zu vergeben und loszulassen. So können wir unsere ganze Zeit in Freude verbringen. Wir werden frei, um friedvoll und glücklich zu leben, indem wir unsere Sorgen in Gottes Hände legen.

Das Geschenk des Annehmens

Wir meinen oft, wir allein hätten Probleme, aber alle Menschen haben Schwierigkeiten. Der Schlüssel ist, eine Möglichkeit zu finden, mit ihnen zurechtzukommen, damit sie uns nicht nach unten ziehen.

Dazu gibt es eine Geschichte eines Mannes aus alten Zeiten. Er war der Sohn eines Adeligen und gehörte zu einer der herrschenden Klassen in seiner Stadt. Er und seine Familie waren wohlhabend und lebten in einem Palast mit allem nur vorstellbaren Komfort.

Eines Tages traf er Buddha und war von ihm und seinen Lehren bewegt. In dieser Zeit war es anders als heute, wo wir ein spirituelles Leben führen können, ohne auf die Welt, die Familie oder unseren Besitz zu verzichten. Damals wurde erwartet, dass man seinen Reichtum und seine gesellschaftliche Stellung aufgab und als Bettler lebte.

Seine Familie war schockiert, als er erzählte, er werde sein Leben als Adeliger mit all seinem Wohlstand und sein Erbe aufgeben, um ein Schüler Buddhas zu werden und als Bettler zu leben. Sie versuchten, ihn davon abzubringen, aber er war entschlossen, Gott zu finden, und glaubte, dies sei der richtige Weg.

Er verabschiedete sich von seiner Familie, verließ sein Haus nur mit der Kleidung, die er auf dem Leib trug, seinen Schuhen und einem Sack, in dem sich nur das Allernötigste befand, um als Bettler zu überleben.

Er musste auf dem nackten Boden schlafen, wo immer er draußen einen Platz finden konnte. Er besaß eine Bettelschale für Essen, das ihm Menschen schenkten. Aber er war glücklich, da er seinem Wunsch folgte, sein Leben Gott zu widmen.

Im Palast war er verwöhnt worden, umgeben von allen Annehmlichkeiten des Reichtums. Er war es gewöhnt, in einem weichen Bett zu schlafen und über einen Plüschteppich zu gehen. Er konnte jede Köstlichkeit essen, die er wollte, und kannte keinen Hunger.

Als er seine Reise auf der Suche nach Gott fortsetzte, dauerte es nicht lange, bis ihm das Schlafen auf dem harten Boden ohne bequeme Matratze zusetzte. Bald schmerzten seine Beine und sein Körper. Er bekam eine akute Arthritis, und seine Gelenke und Muskeln taten weh.

Anfangs versuchte er, den Schmerz zu ignorieren und weiter seinen spirituellen Übungen nachzugehen. Es gingen aber Tage und Wochen ins Land, und er konnte die Schmerzen nicht ausblenden. Sie wurden so stark, dass sie allmählich seine Meditationsübungen störten.

Bald hatte er Probleme beim Gehen. Es war zu schmerzvoll umherzulaufen.

Der Schmerz war derart intensiv, dass er alle Lebensfreude verlor. Durch das Leiden war er innerlich aufgewühlt. Der Frieden, den er zu Beginn seines spirituellen Lebens empfunden hatte, ließ allmählich nach. Er war ständig schlecht gelaunt und verlor seine Gelassenheit.

Als er eines Tages durch die Stadt ging, um einen neuen Ort zu finden, wo er um Essen betteln konnte, sah er ein kleines Mädchen in einiger Entfernung mit seinen Freunden spielen. Als er sich der Gruppe näherte, bemerkte er, dass das Mädchen auf Krücken herumhumpelte.

Er sagte: „Das Mädchen sieht so glücklich aus und hat viel Spaß mit seinen Freunden. Aber es braucht Krücken. Es sieht aus, als ob es voller Freude tanzt."

Er kam noch näher heran und stellte fest, dass das Mädchen nur ein Bein hatte.

„Wie kann das Mädchen so glücklich sein, obwohl es nur ein Bein hat? Aber es spielt und hat Spaß."

Dann schämte er sich und sagte: „Das Mädchen leidet viel mehr als ich. Es muss mit nur einem Bein zurechtkommen, und trotzdem ist es glücklicher als ich. Hier bin ich, ein Schüler Buddhas, der gelernt hat zu meditieren und in die inneren Ebenen zu gehen, die frei von Sorgen und Leid sind. Dennoch beklage ich mich über meine geringen Schmerzen."

Er erkannte dann, dass es Menschen gibt, die viel mehr leiden als er. Außerdem war er in Meditationsübungen eingeführt worden, die ihm helfen sollten, spirituelles Bewusstsein und einen Zustand jenseits der Schmerzen und Sorgen des Lebens zu erlangen.

Diese Geschichte ist eine hilfreiche Erinnerung für uns, wenn wir durch die Schwierigkeiten des Lebens gehen. Wir mögen denken, dass nur wir allein zu kämpfen haben, aber so geht es auch allen anderen. Vielleicht sind ihre Probleme manchmal schwerwiegender als unsere.

Wer lernt zu meditieren, hat eine Lösung für die Schwierigkeiten des Lebens. Meditation ist ein Weg, der uns helfen kann, mit unseren Problemen zurechtzukommen. Durch Meditation konzentrieren wir uns innen und können so auf einem spirituellen Strom reisen, der uns jenseits der Leiden des Lebens mitnimmt.

In uns befindet sich ein Ozean aller Freude und allen Glücks. Wenn wir meditieren und in das Meer der Glückseligkeit eintauchen, lassen wir für einige Zeit das Leid der äußeren Welt hinter uns. Wir gehen über die Schmerzen unseres physischen Körpers hinaus. Wenn wir mit dem Ozean reiner Liebe verschmelzen, finden wir Erleichterung von unserem emotionalen und mentalen Leid. Meditation kann die Schmerzen von Körper und Geist lindern.

Meditation ist Übung. Anfangs finden wir es vielleicht schwierig, still zu sitzen, unsere Gedanken zur Ruhe zu bringen und konzentriert zu bleiben. Vielen Menschen fällt es zunächst schwer, lange Zeit stillzusitzen. Das wird leichter, wenn man mehr übt. Mit der Zeit können wir länger stillsitzen.

Als Nächstes stellen wir möglicherweise fest, dass wir unsere Gedanken nicht zur Ruhe bringen können. Aber wenn wir mehr Übung in der Meditation haben, können wir unsere Gedanken länger zur Ruhe bringen. Wir erreichen eine Stufe, auf der wir unsere Gedanken lang genug kontrollieren können und so geübt sind, dass wir uns im inneren

Licht und Klang vertiefen. Verbinden wir uns einmal mit dem inneren Licht- und Klangstrom, können wir im Meer des Friedens schwimmen.

Wenn wir unsere Meditationen vervollkommnen und so in den Ozean der Glückseligkeit eintauchen, können wir in allen Lebenslagen mit unseren Problemen ruhig umgehen und sie akzeptieren.

Wir sollten immer weiter gehen, langsam, Schritt für Schritt, bis wir unsere Übungen vervollkommnen und so den inneren Ozean des Glücks erreichen. So können die Probleme des Lebens gelöst werden, und wir erhalten das Geschenk, alles anzunehmen, was uns begegnet.

Dann können wir besser mit allem zurechtkommen. Wir lernen, unabhängig von unserem Schicksal ohne Stress, Angst, Furcht, Panik und Sorgen zu leben. Nichts kann unseren Gemütsfrieden stören. Ob bei Regen oder Sonnenschein, Krankheit oder Gesundheit, Armut oder Reichtum sowie in jeder anderen möglichen Situation bleiben wir fröhlich und zufrieden.

Das Geschenk des Annehmens in Verbindung mit Meditation wird uns durch die Herausforderungen des Lebens tragen.

Lachen als Medizin

In diesem naturwissenschaftlich geprägten Zeitalter fehlt den Menschen oft das Vertrauen in die Weisheit, die von großen Denkern, Philosophen und Heiligen aus der Vergangenheit an uns weitergegeben wurde. Heute neigen die Menschen dazu, nur das zu glauben, was in einem Physiklabor getestet und von Wissenschaftlern bestätigt wurde. Wenn wir aktuelle wissenschaftliche Entdeckungen analysieren, stellen wir jedoch fest, dass viele das beweisen, was in alten Zeiten gelehrt wurde. In unserer modernen Zeit sind die Menschen nur dann vom Wahrheitsgehalt überzeugt, wenn etwas durch wissenschaftliche Studien belegt ist. Eine einschlägige Untersuchung befasst sich mit Lachen und Lächeln. Neueste Studien von Experten aus den Bereichen Medizin und Psychologie heben ihre Bedeutung hervor.

KAPITEL 17: MEDITATION – DIE LÖSUNG FÜR STRESS, ANGST, ...

Dazu gibt es eine wahre Anekdote aus dem Leben eines amerikanischen Journalisten namens Norman Cousins. Als er 1964 nach Übersee reiste, erkrankte er an Fieber. Seine Temperatur stieg gefährlich hoch an. Er musste nach Hause fliegen, und dort verschlimmerte sich sein Zustand.

So wurde er ins Krankenhaus gebracht. Schon bald konnte er weder Arme noch Beine bewegen. Der Arzt diagnostizierte eine seltene Krankheit, die degenerative Kollagenose heißt. Sie beeinträchtigte das Bindegewebe seines Körpers.

Die Ärzte erklärten, dass er nur geringe Überlebenschancen hätte. Nur einer von 500 Menschen würde überleben. Sie sagten, für seine Genesung sei ein Wunder nötig.

Als er im Krankenhaus lag, beschloss Norman, nicht aufzugeben. Zwar war er bewegungsunfähig, aber sein Gehirn war immer noch aktiv. Er begann, die Situation zu analysieren.

Er sagte sich: „Wenn Menschen unter Stress arbeiten, zu viel Zeit mit Sorgen verbringen und unter Angst und Furcht leiden, beeinträchtigt dies ihre Gesundheit. Wenn diese Annahme richtig ist, muss auch das Gegenteil richtig sein. Das bedeutet, wenn Menschen ohne Stress leben und fröhlich und von Hoffnung, Optimismus und Liebe erfüllt sind, sollten sie jede Krankheit überwinden können."

Daraus leitete er ab, wenn Stress, Furcht, Sorge und Angst uns nach unten ziehen können, dann sollten uns Glück, Lachen, Hoffnung und Liebe wieder nach oben ziehen können.

Da er wusste, dass die Ärzte ihm nicht helfen konnten, entschloss er sich, die Dinge selbst in die Hand zu nehmen und eine Therapie für sich zu finden. Er entschied sich für das Lachen.

Von diesem Tag an sah er lustige Filme an. Er las Witzbücher. Er fand so viele Möglichkeiten, sich selbst zum Lachen zu bringen, wie er nur konnte. Die Komödien, das Lesen und Erzählen von Witzen führten tatsächlich zu einer Verbesserung seines Gesundheitszustands.

Er setzte seine Lachtherapie fort, bis er eines Tages die Medikamente nicht mehr benötigte, in denen die Ärzte den letzten Ausweg gesehen hatten.

Innerhalb weniger Monate konnte er sich wieder bewegen, laufen und sogar Golf spielen. Er war in der Lage, seine Arbeit als Journalist wieder aufzunehmen. Zur Überraschung seiner Ärzte war er geheilt.

Schließlich schrieb er ein Buch mit dem Titel Der Arzt in uns selbst, das die medizinische Fachwelt in Erstaunen versetzte. Niemand glaubte, dass Lachen einen therapeutischen Wert haben könnte.

Heutzutage wird akzeptiert, dass Lachen und Lächeln sich auf unsere Gesundheit auswirken. Medizinische Forscher haben die Gesichtsmuskeln untersucht, die man zum Lächeln braucht. Sie entdeckten, dass es anstrengender ist, jene Muskeln zu betätigen, die man zum Stirnrunzeln und für ärgerliche Blicke braucht, als die Muskeln zum Lächeln einzusetzen.

Studien zum Wert des Lächelns zeigen, dass Lachen Hormone wie Endorphine freisetzt, die uns glücklich machen. Wenn wir von diesen körpereigenen chemischen Stoffen überflutet werden, heben sie unsere Stimmung und stärken unser Immunsystem. Deshalb ist unser Immunsystem stärker, wenn wir lächeln, und wir können Krankheiten besser Widerstand leisten.

Das Gleiche gilt, wenn wir krank sind und trotzdem positiv und glücklich bleiben. Einige medizinische Studien belegen, dass wir die Krankheitsdauer verkürzen und schneller gesund werden können. Das ist ein Grund, warum Ärzte Meditation besonders empfehlen, um den Heilungsprozess zu beschleunigen. Studien zeigen, dass Entspannung und Meditation zu einer schnelleren Erholung beitragen können. Warum? Sie versetzen uns in einen Zustand der Ruhe, in dem der Körper Glückshormone produziert. Das trägt zum Heilungsprozess bei.

Humor ist eine wunderbare Möglichkeit, eine angespannte Situation zu entschärfen. Durch ihn kann Ärger in Lachen umgewandelt werden. Er hilft uns, den Druck des Lebens zu mildern, und versetzt uns in einen Zustand der Entspannung.

Eine wahre Begebenheit aus dem Leben von Präsident Abraham Lincoln veranschaulicht das. Da er weise war, kamen Menschen zu ihm und baten ihn, ihren Streit zu schlichten. Dafür hatte er eine Begabung.

Zwei Männer hatten sich stundenlang erbittert gestritten. Es ging um das richtige Verhältnis der Beinlänge eines Menschen zu seinem Körper. Sie beschlossen, Lincoln die Frage klären zu lassen.

Lincoln hörte beiden Seiten aufmerksam zu. Dann bat er sie, wie vor Gericht ihren jeweiligen Fall zusammenzufassen.

Nachdem er sich die Zusammenfassungen angehört hatte, sagte er mit trockenem Humor: „Dieser Streitfall ist in der Vergangenheit sicherlich vielfach intensiv diskutiert worden. Ich bin sicher, er wurde so heiß diskutiert, dass es zu Blutvergießen darüber kam. Ihr streitet über ein so wichtiges Thema, dass es mir große innere Qualen bereitet, ein endgültiges Urteil in diesem Fall zu sprechen."

Ein paar Augenblick später erklärte er sehr gewitzt: „Meiner Meinung nach sollten wir die ganze Angelegenheit zu den Akten legen. Die Antwort ist: Die Beine eines Menschen sollten mindestens lang genug sein, um von seinem Körper bis auf den Boden zu reichen."

Die beiden Männer brachen wider Willen in Gelächter aus und beendeten den Streit.

Diese historische Anekdote zeigt, wie durch Lachen eine angespannte Situation entschärft werden kann. Die Männer stritten, als ob es um Leben und Tod ginge. Lincoln, ein ruhiger, unparteiischer Beobachter, konnte sehen, dass es um ein lächerliches Thema ging. Um die Situation aufzulockern, wandte er Humor an.

Humor heilt. Er hilft uns, mit den Sorgen zurechtzukommen, die das Leben mit sich bringt. Wenn immer mehr Probleme auf uns zukommen, verstricken wir uns so sehr darin, dass wir vielleicht traurig oder depressiv werden. Diese Gefühle binden uns an die Welt. Wenn wir aber lachen, lösen wir uns von den Sorgen. Wir finden Abstand zu der angespannten Situation, wenn auch nur kurz, und können uns mit der Freude im Inneren verbinden.

Lachen hat Einfluss auf unsere psychische Gesundheit. Glückshormone können dazu beitragen, dass wir uns psychisch gut fühlen. Dies kann helfen, uns aus einer negativen Stimmung herauszuholen. Das Leben stellt uns alle vor Probleme. Niemand ist vor Schwierigkeiten gefeit. Vielleicht denken wir, nur wir allein hätten Sorgen. Wenn wir uns aber die Geschichte von anderen Menschen anhören, leidet jeder auf seine eigene Weise genauso sehr wie wir. Man sagt, wenn alle Menschen ihre Probleme in der Mitte der Erde aufeinanderstapeln würden und ihre Probleme wählen könnten, würde sich jeder wieder seine eigenen Probleme heraussuchen, nachdem er sich die Probleme der anderen genau angesehen hat. Uns würde bewusst, dass die Situation der anderen nicht viel besser ist als unsere eigene, und manchmal ist sie sogar schlechter.

Wenn wir einmal erkennen, dass Probleme Teil des Lebens sind, können wir wählen, ob wir depressiv werden und mit einem Schatten von Traurigkeit um uns leben, oder wir können zufrieden sein. Vielleicht verschwinden unsere Probleme nicht sofort, aber wir können uns ihnen mutig stellen. Bei Schwierigkeiten schafft Traurigkeit ein zusätzliches Problem, denn wir sind innerlich aufgewühlt und unser Immunsystem wird schwächer. Wenn wir fröhlich bleiben, müssen wir uns nur mit dem einen Problem beschäftigen und nicht zusätzlich noch mit unserer Traurigkeit.

Lachen hilft, sich mit dem inneren Zustand der spirituellen Liebe zu verbinden. Wenn wir verliebt sind, sind wir glücklich. Liebe und Freude sind unsere wahre Natur. Wenn wir uns selbst mit diesem wahren Wesenskern identifizieren, sind wir von Glückseligkeit erfüllt.

Durch Meditation können wir jeden Tag mit Lachen und Lächeln leben. Wenn wir Zugang zu unserem inneren Wesen erlangen, können wir anderen Freude bringen, die dann wiederum auch Glück ausstrahlen. Dieser Kreislauf von Lächeln und Lachen kann die Welt reinigen und zu einem glücklicheren Ort für alle machen.

Die Notwendigkeit, unsere Gedanken und Emotionen von Giftstoffen zu reinigen

Die Liste der Giftstoffe ist lang. Das Leben ist voller Herausforderungen, die zum Verlust unserer Ausgeglichenheit führen. Gibt es irgendeine Hoffnung, dass wir ein Leben ohne die Toxine führen können, die uns aus der inneren Ruhe bringen?

Meditation bietet eine Lösung für den Umgang mit Toxinen. Wenn wir die einfache Meditation auf das innere Licht und den inneren Klang erlernen und unseren Geist mit all den Gedanken und Emotionen entgiften, können wir durch die Schwierigkeiten des Lebens mit Ruhe, Frieden und Freude gehen.

Übung: Lies alle Notizen nochmals durch, die du dir zu den Übungen in den einzelnen Kapiteln gemacht hast. Gehe dabei noch einmal deine Beobachtungen zu mentalen Toxinen durch, unter denen du schon einmal gelitten hast. Fertige dann eine Liste an mit den Giftstoffen, die du loswerden möchtest. Wenn es mehrere sind, erstelle eine Reihenfolge. Du kannst dich mit einem Thema nach dem anderen befassen und die Lösungsvorschläge aus dem Buch durcharbeiten. Nimm dir dann ein weiteres Toxin vor und beschäftige dich mit den relevanten Teilen des Buches, um den Giftstoff loszuwerden. Eine andere Möglichkeit ist, mehrere Toxine gleichzeitig zu bearbeiten, um dich von ihnen zu befreien, während du die einzelnen Kapitel des Buchs liest. Wenn du den Reinigungsprozess einmal erlernt hast, kann er zu einem Teil von dir werden, den du in deinem Leben auf der Suche nach Frieden und Glück immer wieder einsetzen kannst.

TEIL 4

Ein neues Selbst

Wie man ein friedliches, glückliches Leben führt

KAPITEL 18

Ein neues Selbst: Freude an einem Leben ohne mentale Toxine

Geheimnisse des Reinigens

Es ist schwer, durch das Leben zu gehen, ohne dass ein Missgeschick passiert und wir unsere Kleidung, unseren Teppich, unsere Möbel oder Autos beschmutzen. Wir bemühen uns sehr, unsere Mahlzeiten so einzunehmen, dass wir kein Essen über uns schütten. So sehr wir uns auch anstrengen, können wir doch nicht vermeiden, dass Flecken von Suppen oder Soßen auf unsere neue Kleidung geraten. Wenn wir versuchen, Tee oder Kaffee über einen Teppich zu tragen, stolpern wir plötzlich. Rumms! Das Getränk rutscht uns aus der Hand und hinterlässt Flecken auf dem Teppich. Haben wir ein neues Auto gekauft, versuchen wir, es möglichst weit vom nächsten Auto auf dem Parkplatz zu parken. Obwohl wir uns nach besten Kräften bemüht haben, lässt jemand seine Autotür zu weit aufspringen und unser funkelnagelneues Auto bekommt eine Delle.

Für die Reinhaltung unseres Eigentums zu sorgen, ist ein großes Geschäft für Unternehmen und Berater. Sie erfinden Produkte und Techniken, wie man Flecken entfernt, damit alles, was uns gehört, so gut wie neu aussieht. In der Werbung auf Internetseiten für Online-Einkäufe werden alle möglichen Artikel und Gegenstände angeboten, mit denen wir unser Eigentum reinigen können. Bücher und Artikel von Reinigungsexperten bieten Ratschläge, wie man putzt und Flecken entfernt. Hunderte neue Methoden und Produkte für den Hausputz, zur Autowäsche, für die Reinigung von Büros und zur Körperreinigung werden entwickelt.

Doch wie steht es mit der Reinigung unseres Gemüts mit all seinen Gedanken und Emotionen und unserer Seele? Wenn wir die Zeit, die wir für die Reinigung unseres Körpers und unseres Umfelds aufwenden, dafür einsetzen könnten, unsere Gedanken und Emotionen sowie unsere Seele zu reinigen, würden wir unschätzbare Vorteile daraus ziehen.

Hierzu gibt es eine Geschichte über einen Mann, der allein lebte. Mit zunehmendem Alter nahm seine Sehkraft ab. Er hatte immer gern seinen Garten bewundert. Die hochgewachsenen Bäume mit zahlreichen verzweigten Ästen und großen grünen Blättern bereiteten ihm Freude. Ihm gefielen die Büsche mit ihren Blüten je nach Jahreszeit. Vielfältige Blumen blühten zu verschiedenen Zeiten des Jahres. Daher gab es immer ein reiches Farbspektrum, das ihn anzog. Gerne sah er den bunten Vögeln zu, wie sie von Baum zu Baum flatterten, und den Eichhörnchen und Hasen, die über den Rasen huschten.

Doch als er nun aus dem Fenster blickte, wurde er missmutig, da er die Schönheit der Natur nicht mehr sehen konnte. Er wurde deprimiert, da er sich durch sein nachlassendes Sehvermögen nicht mehr am Garten und der Welt draußen vor seinem Fenster erfreuen konnte.

Eines Tages nahm er an einem Seniorentreffen in der Nachbarschaft teil. Die Senioren erzählten sich von ihren Schwierigkeiten im Alter und von ihren Gesundheitsproblemen. Als er an der Reihe war, berichtete er, wie traurig er wegen seiner abnehmenden Sehkraft war, die dazu führte, dass er sich nicht mehr an der Schönheit vor seinen Fenstern erfreuen konnte.

Eine aufmerksame Frau hörte mitfühlend zu und sagte: „Ich habe eine Idee, wie Ihnen geholfen werden kann." Sie machte mit ihm aus, dass sie ihn zu Hause besuchen würde, damit sie herausfinden konnte, worin das Problem bestand.

Am Tag des vereinbarten Besuchs kam sie mit einem großen Putzeimer, Wischmopp, Besen, Lappen und Reinigungsmitteln. Sie hatte sich ein Kopftuch umgebunden und trug die Kleidung einer Putzfrau. Der Mann sagte: „Ich kenne Sie nicht. Wer sind Sie?"

Sie antwortete: „Ich bin die Frau aus der Seniorengruppe, die mit Ihnen vereinbart hat, zu Ihnen zu kommen, um herauszufinden, welches Problem es mit Ihrer Sehkraft gibt." Dann erst erkannte er sie, denn sie hatte Putzkleidung an.

Sie kam herein und sah sich im Haus um.

„Zeigen Sie mir die Fenster, aus denen Sie gerne auf Ihren Garten schauen!" Er führte sie zum Wohnzimmerfenster, wo er einen besonderen Stuhl platziert hatte, der dem Rasen zugewandt war. Die Frau strich mit einem Finger über die Fensterscheibe.

Dann streckte sie ihm den Finger hin. „Schauen Sie sich das mal an!", sagte sie, „Ihr Fenster ist mit Staub und Schmutz bedeckt." Sie wischte sich den Finger ab und nahm anschließend ihre Utensilien heraus, um die Fenster zu putzen. Sie schrubbte und wischte sie mit einem Tuch trocken.

Als sie fertig war, waren die Fenster fleckenfrei und sauber.

Nun bat sie den Mann, auf seinem besonderen Stuhl Platz zu nehmen und aus dem Fenster zu schauen.

„Wie haben Sie das nur gemacht? Ich kann meinen wunderschönen Garten wieder sehen!", rief er voller Freude.

Darauf antwortete sie treffend: „Schuld war nicht Ihre nachlassende Sehkraft. Das Problem war, dass Sie zugelassen haben, dass Ihre Fenster schmutzig wurden."

Diese Geschichte zeigt auf, was jedem von uns passiert. Auf der Suche nach Gott während dieser Lebenszeit brauchen wir eine klare Sicht. Es stimmt nicht, dass Gott nicht für uns da ist oder dass wir nicht die Fähigkeiten besitzen, Gott zu finden. Das Problem besteht darin, dass wir zugelassen haben, dass unsere inneren Fenster schmutzig werden.

Es gibt eine klare Öffnung, die wir alle am Sitz der Seele zwischen und hinter den beiden Augenbrauen haben. Wir besitzen dieses Tor seit unserer Geburt in die Welt bis zu dem Zeitpunkt, wenn unsere Zeit vorüber ist. Durch diese Öffnung können wir eine ungetrübte Sicht auf die Wunder im Inneren haben. Doch leider ist dieses Tor mit Staub und Schmutz bedeckt. Daher glauben die Menschen, sie seien nicht imstande, die inneren spirituellen Schätze zu erfahren.

Das Tor kann durch Meditation gereinigt werden, sodass wir unseren spirituellen Reichtum erfahren können. Meditation ist das Reinigungstuch, mit dem wir den Schmutz entfernen können, der uns die Sicht versperrt. Durch den Vorgang der Meditation können wir uns von mentalen Toxinen befreien. Am Tor nach innen sammeln sich Gedanken aus dem Gemüt, die uns ablenken. Wir denken ständig an die Vergangenheit oder Zukunft. Wir denken an Vergangenes, das wir bedauern, und machen uns Sorgen über die Zukunft. Auch hängen wir Gedanken nach, die voller Ärger, Hass, Selbstsucht und Ego sind. Sie sind die Ursache von Staub und Schmutz, die unsere innere Sicht trüben. Meditation ist der Vorgang, bei dem wir solche Gedanken zur Ruhe bringen, damit wir die inneren Ausblicke sehen können.

Außerdem können wir uns selbst prüfen. Dann setzen wir um, was die Frau in der Geschichte getan hat, als sie das Haus des Mannes besuchte. Sie kam, um die Lage einzuschätzen und herauszufinden, warum er den Garten draußen nicht sehen konnte. Schuld daran war nicht seine nachlassende Sehkraft, sondern dass er zugelassen hatte, dass sich Schmutz auf dem Fenster sammelte.

So können auch wir durch Selbstprüfung einschätzen, was unsere innere Sicht versperrt. Verstellen wir uns die Sicht durch ärgerliche

Gedanken, Worte und Taten? Sind wir selbstbezogen und kritisieren andere, weil sie weniger besitzen, weniger einflussreich, intelligent oder schön sind als wir? Distanzieren wir uns von anderen aufgrund von Vorurteilen, Hass und Bigotterie? Weigern wir uns, anderen in Not zu helfen?

Wenn wir die Ursache des Schmutzes, der unsere innere Sicht beeinträchtigt, gefunden haben, können wir etwas tun, um das Problem zu beseitigen. Wir können unsere Reinigungsutensilien herausholen und uns an die Arbeit machen, unsere Sicht zu reinigen. Jeden Tag können wir Schritte unternehmen, um den Schmutz, den wir täglich anhäufen, zu reduzieren. Wir können uns Tag für Tag verbessern, indem wir etwas weniger Schmutz verursachen als am vorigen Tag. Wir können unsere Ziele und die Anzahl der täglichen Fehlschläge aufschreiben.

Wie können wir jeden Tag die Anzahl der Flecken auf unserem Glas verringern?

Hilfreiche Faktoren dafür sind Meditation, Selbstprüfung und selbstloses Dienen. Während der Meditation bringen wir unsere Gedanken zur Ruhe, wodurch sich automatisch der Schmutz, den wir anhäufen können, verringert. Die Verbindung mit dem inneren Licht und Klang ähnelt einem Reinigungsmittel. Dadurch werden wir mit Liebe und Güte erfüllt. Wenn wir uns also mit dem Licht und Klang verbinden, bewirkt dies, dass das Fenster unserer Gedanken und Emotionen gesäubert wird.

Durch Selbstprüfung wird uns die Ursache des Schmutzes bewusst. Dann können wir einen Handlungsplan erstellen, um die Anzahl der Flecken Tag für Tag zu reduzieren. Wenn wir inspirierende Botschaften lesen, hören oder ansehen, so motivieren sie uns, aktiv zu werden, um unser inneres Fenster sauber zu halten. Durch selbstloses Dienen können wir unser Fenster reinigen. Wenn wir dienen, ohne eine materielle Belohnung für uns zu erwarten, beschäftigen wir uns nicht mit Gedanken, Worten oder Taten, die unsere Sicht weiter verschmutzen. Wir arbeiten mit innerer Ruhe, Liebe im Herzen und mit Händen, die bereit sind, anderen zu helfen. Wenn wir das genau ausführen, vermeiden wir, neuen Schmutz auf unseren Fenstern anzusammeln.

Durch diese Maßnahmen können wir unsere Fenster reinigen. Wir können unseren eigenen persönlichen Handlungsplan erstellen, um unsere Fenster rein zu halten. Das können wir erreichen, wenn wir mehr meditieren und Zeit mit selbstlosem Dienst verbringen. Inspirierende Schriften zu lesen, kann uns motivieren, uns von mentalen Toxinen zu befreien. Wenn wir das alles tun, werden wir erleben, dass auch wir - wie die Frau in der Geschichte, welche die Fenster des Mannes putzte, - unsere inneren Fenster putzen werden, um uns an spiritueller Liebe zu erfreuen.

Unsere innere Verfassung selbst bestimmen

Wir neigen dazu, andere für unser Unglück verantwortlich zu machen. Die Praxen von Psychologen, Therapeuten und Sozialarbeitern sind voll von Menschen, die kommen, um Hilfe und Lösungen bei Beziehungsproblemen zu suchen. Ein Großteil der Therapiesitzungen wird damit verbracht, dass die Patienten bzw. Klienten darüber klagen, wie andere in ihrem Umfeld ihnen das Leben schwer machen. Sie beklagen sich darüber, dass ihre Ehe- oder Lebenspartner sie unglücklich machen. Eltern beschweren sich über ihre Kinder. Kinder klagen über die Eltern. Die Menschen haben selbst mit ihren engsten Freunden Schwierigkeiten. Außerdem gibt es Probleme, die wir mit unseren Vorgesetzten, Kollegen und Angestellten haben. Wir glauben, dass unser Leid durch andere verursacht wird.

In diesem Zusammenhang gibt es eine Geschichte von einem Mönch, der auf der Suche nach Gott war. Er hatte das Gefühl, dass er alles erreicht hatte, was man aus eigener Kraft schaffen konnte. Da er noch mehr erreichen wollte, suchte er einen Heiligen auf und bat ihn um Hilfe, Erleuchtung zu erlangen. Diese Geschichte trug sich einst im Osten zu, als es üblich war, in einem Ashram zu leben, wenn man Schüler eines spirituellen Meisters war. Während sich heutzutage viele kurz in einem Ashram aufhalten, war es früher häufig so, dass man sein Heim verließ und lange Zeit in einem Ashram lebte.

Der Mönch musste mit anderen Schülern eng zusammenleben. Sie aßen und meditierten zusammen und dienten gemeinsam selbstlos. Leider hatte der Mönch immer schlechte Laune. So brauchte es nicht viel, dass ihn die anderen auf die Palme brachten. Manchmal regte er sich so auf, dass er einen Wutanfall bekam. Sein Ärger zerstörte die friedliche Atmosphäre.

Eines Tages sagte der Mönch zu den anderen Schülern: „Was ist los mit diesem Ort? Die Schwingungen hier sind so schrecklich. Warum seid ihr alle nicht gelassen, da ihr doch bei einem spirituellen Lehrer lernt? Ich bin hierhergekommen, um Frieden zu finden und spirituell zu wachsen, aber dieser Ort strahlt nur Ärger aus!"

Die anderen Mönche hörten sich das an und waren fassungslos über seine Worte. Als er nach draußen gegangen war, versammelten sie sich und sagten: „Dieser Mann ist immer wütend auf uns. Er behauptet sogar, dass wir die negative Atmosphäre schaffen würden. Er ist aber derjenige, der alle verärgert."

So bemühten sie sich noch mehr, dem Mönch zu helfen, gelassen und glücklich zu sein. Doch jedes Mal, wenn ihn etwas ärgerte, war er zornentbrannt. Die anderen strengten sich sehr an, nicht zu reagieren, um sicherzustellen, dass der Frieden des Ashrams nicht gestört würde. Doch wie sehr sie sich bemühten, ruhig zu bleiben, der Mönch beschuldigte sie, den Ärger verursacht zu haben.

Eines Tages, als der Mönch sich sehr über sie ärgerte, sagte er: „Ich finde hier keinen Frieden. Ihr seid allesamt schreckliche Schüler und der Grund, warum es hier so viel Negatives gibt. Ich werde diesen Ort verlassen und Erleuchtung suchen, indem ich allein im Wald meditiere!"

Der Mönch packte seine Halbseligkeiten zusammen und zog davon, um einen ruhigen Ort in der Natur zu suchen und seine spirituelle Entwicklung allein voranzutreiben.

In den ersten paar Wochen spürte er Frieden. Ihm gefiel die Einsamkeit des Waldes. In der Natur fand er eine ruhige Atmosphäre. Er war der Ansicht, dass er eine gute Entscheidung getroffen hatte, den Ashram und alle Menschen dort, die ihn ärgerten, zu verlassen. Nun konnte er meditieren und friedlich leben, um spirituell voranzukommen. Der Mann war glücklich.

Eines Tages ging er zum Fluss, um Trinkwasser in einem Tonkrug zu holen. Als er zum Fluss kam, stellte er den Tonkrug auf einen Felsen. Als er sich vorbeugte, um Wasser aus dem Fluss zu schöpfen, fiel der Krug um. Er ließ das Wasser aus seinen Händen fließen, um den Krug wieder aufzustellen. Anschließend wandte er sich wieder nach unten, um mit den Händen Wasser zu schöpfen. Dabei fiel der Krug erneut um. So musste er das Wasser wieder ausschütten und stellte den Krug erneut auf. Das wiederholte sich mehrere Male, bis er zornig wurde.

„Was für ein nutzloser Krug bist du eigentlich? Ständig fällst du um!", schrie er. Er hob den Krug hoch und schmetterte ihn gegen den Felsen, sodass er zerbrach.

Nun war das einzige Gefäß, das er besaß, um Wasser zu holen, zerstört. Er hatte keinen anderen Krug, den er benutzen konnte. Da niemand da war, den er anbrüllen konnte, setzte er sich hin und wurde niedergeschlagen.

Er dachte bei sich: „Ich habe den Ashram verlassen, weil jeder mich geärgert hat. Hier im Wald gibt es niemanden außer mir und trotzdem bin ich noch wütend. Der Ärger, von dem ich dachte, ich könnte ihn im Ashram zurücklassen, hat mich hierher begleitet. Die Leute sind also nicht der Grund für meinen Ärger. Der Ärger in mir muss die Ursache aller Probleme sein."

Der Mönch erkannte, dass er die ganze Zeit allen anderen die Schuld an seiner schlechten Laune gegeben hatte. Da es nun niemanden mehr gab, den er beschuldigen konnte, und der Ärger immer noch ein Teil seines Lebens war, erwachte er zur Wahrheit. Ärger entsteht nicht durch andere oder durch Situationen um uns herum. Es sind unsere eigenen

Reaktionen auf Menschen und Situationen in unserem Leben, die unseren Ärger verursachen.

Die Lektion, die der Mönch lernte, kann auch uns helfen. Wenn wir die Zeit, in der wir uns über andere und Situationen beschweren, die uns Ärger bereiten, dafür einsetzen, unsere Reaktionen auf andere zu analysieren, können wir unseren Ärger überwinden. Die Menschen werden tun, was sie eben tun. Wir können andere nicht kontrollieren. Doch können wir lernen, unsere eigenen Reaktionen auf ihr Verhalten zu kontrollieren.

Betrachten wir das Beispiel des Wetters. Wir erwarten, dass es sonnig wird, doch es regnet. Wir denken, es ist Sommer, erleben aber kalte Tage oder Hagel. Wir glauben, dass es draußen kalt wird, doch plötzlich ändert sich das Wetter und es wird heiß. Wir können uns entweder über die Wetterveränderungen aufregen oder eine Auswahl an Kleidung mitbringen, damit wir uns an die Situation anpassen können. So sind wir vorbereitet, falls es heiß, kalt, regnerisch oder sonnig wird. Wir müssen unser Leben - unabhängig von der Wetterlage - dennoch weiterführen. Wir müssen unsere Mahlzeiten einnehmen, zur Arbeit gehen, unsere Familie versorgen und alle anderen täglichen Aktivitäten ausführen. Vielleicht bemerken wir die Wetterlage, doch versuchen wir, uns von unseren Vorhaben nicht abbringen zu lassen.

So haben auch die Menschen in unserem Umfeld ihre guten und schlechten Tage. Manchmal behandeln sie uns freundlich, und an anderen Tagen sind sie wegen ihrer eigenen Probleme launisch oder aufgebracht. Das sollte nicht bestimmen, wie unser Tag wird. Wenn wir zulassen, dass andere beeinflussen, ob wir glücklich oder traurig sind, hören unsere Schwierigkeiten nie auf. Warum sollten wir es von der Laune oder dem Verhalten anderer abhängig machen, ob wir einen fröhlichen oder miserablen Tag haben?

Der Mönch erkannte, dass die Ursache seines Ärgers nicht bei anderen lag. Seine eigene Reaktion auf sie verursachte seine Laune. Er gelangte schließlich zu dieser Erkenntnis, als ihm klar wurde, dass er selbst dann das Opfer seines Ärgers war, wenn er allein war. Er konnte niemanden beschuldigen. Als er sich bewusst wurde, dass der Ärger aus ihm selbst kam, konnte er sich bessern und sein Temperament unter Kontrolle bringen.

Wer zu einem Beziehungsberater geht und klagt, dass die Ursache der eigenen Probleme beim Partner oder der Partnerin liegt, stellt oft fest, dass nach einer Trennung in der nächsten Beziehung die gleichen Schwierigkeiten auftreten. Nach drei oder vier Partnerschaften erkennen wir manchmal, dass die andere Person sich genauso schlecht verhält wie die erste, die wir verlassen haben. Mit der Zeit wird uns dann klar, dass die Ursache des Problems nicht bei der anderen Person liegt, sondern bei uns selbst. Denn wir reagieren auf die anderen immer auf dieselbe Weise, wodurch in uns Ärger entsteht. Wenn wir dann zurückblicken, wird uns bewusst, dass alle Partner oder Partnerinnen verschiedene Menschen waren, doch wir waren es selbst, die den Ärger nicht unter Kontrolle hatten, unabhängig davon, mit wem wir zusammen waren.

Das Gleiche kann vorkommen, wenn wir einen Vorgesetzten haben, den wir kompliziert finden. Wir geben einen Arbeitsplatz auf, weil wir den Chef nicht mögen, stellen jedoch fest, dass wir uns ärgern, ganz gleich, welchen neuen Vorgesetzen wir bekommen. Allmählich wird uns klar, dass unser Ärger nicht vom Chef kommt, sondern vom Ärger in uns selbst, den wir nicht kontrollieren können und der sich auf jede Person, mit der wir arbeiten, richtet. Der Vorgesetzte und die Situation unterscheiden sich, aber wir haben die Angewohnheit, unkontrolliert zu reagieren.

Wenn wir mit anderen zusammenarbeiten, bietet sich uns die goldene Gelegenheit, das als Übungsfeld zu nutzen, unseren Ärger zu überwinden. Ärger gehört zu den Hindernissen für unser spirituelles Wachstum. Jeden Tag prüfen wir, wie oft wir uns geärgert haben, um die Anzahl Tag für Tag zu verringern. Schließlich sollten wir einen Punkt erreichen, an dem wir in Bezug auf Ärger null Fehler machen. Wenn wir mit anderen zu tun haben, läuft es oft anders, als wir uns vorstellen. Jemand wird möglicherweise etwas sagen oder tun, das wir nicht mögen oder mit dem wir nicht einverstanden sind. Wenn so etwas geschieht, können wir uns an die Geschichte mit dem Mönch erinnern. Wir können unsere innere Haltung wählen. Wollen wir zulassen, dass andere uns ärgern und uns den Tag vermiesen? Oder wollen wir beobachten, was sie tun, ohne dass es uns berührt und in uns Ärger provoziert? Wir haben die Wahl. Wir sind keine hilflosen Opfer der Launen anderer. Wir können uns dazu entschließen, gelassen, unberührt und gefasst zu bleiben.

Gelassenheit bedeutet nicht, dass wir die Probleme, die andere verursachen, ignorieren. Wir sollten uns dennoch aktiv dafür einsetzen, dass die Schwierigkeiten ausgeräumt werden. Wir können solchen Menschen sogar unsere beruhigende Präsenz anbieten, um ihnen zu helfen, zur Ruhe zu kommen. Spiritualität ist kein passiver Weg, sondern ein aktiver. Wir müssen weiter in der Welt leben und helfen, die Dinge zu verbessern. Doch in einer schwierigen Situation mit Ärger zu reagieren, hilft niemandem. Wir können mit anderen und verschiedenen Situationen in Ruhe umgehen, ohne dem Ärger zu erliegen. Wir können Schritte unternehmen, um Situationen zu verbessern und den Menschen in unserem Umfeld bei Problemen zu helfen, die ihnen zusetzen. Dies ist jedoch auf eine Weise möglich, die es uns erlaubt, die Kontrolle über unser eigenes Selbst zu behalten.

Wie wir uns an einem vermeintlich sonnigen Tag, wenn kalte Winde wehen, eine Jacke überziehen, anstatt ärgerlich zu sein, so können wir mit den Winden des Ärgers anderer Leute umgehen, indem wir gelassen bleiben und den Schutzmantel der Gewaltlosigkeit anziehen.

Tragen wir Kleidung für kühles Wetter und steigen die Temperaturen plötzlich, wird uns heiß. Dann legen wir unsere Oberbekleidung ab. Ähnlich ist es, wenn wir in einer friedlichen und gelassenen Umgebung sind und durch den Ärger einer Person im Raum Hitze entsteht. Wir können dann gelassen bleiben und unseren Umhang des Ärgers ablegen, um friedlich zu bleiben.

So ist es auch mit allen Toxinen. Wie können wir lernen, alle mentalen Toxine abzulegen und uns stattdessen für den Frieden zu entscheiden? Das Geheimnis, wie wir uns kontrollieren können, ist Meditation. Durch Meditation betreten wir einen Ort des Friedens in uns selbst. Wenn wir in eine Situation geraten, in der Toxine ausbrechen, können wir sie aufhalten. Wenn wir für einige Zeit in einen anderen Raum oder an einen anderen Ort gehen, dort meditieren, bis wir gefasst sind, und dann wiederkommen, können wir uns darin üben, unsere mentalen Giftstoffe zu kontrollieren. Das hilft uns, uns auf den Ort des Friedens im Inneren zu konzentrieren, um uns von der negativen Situation abzulenken.

Wenn wir immer mehr meditieren, werden wir mit der Zeit ganz natürlich innerlich ruhig bleiben, falls wir mit Situationen konfrontiert werden, die uns zu verärgern drohen. Dann können wir gelassen bleiben und nach einem Weg zur Entspannung der Situation suchen. Bei toxischen Reizen können wir uns auf die Lösung der Probleme konzentrieren, anstatt uns damit zu beschäftigen, auf sie zu reagieren. Durch Meditation können wir das Gleichgewicht finden, um bestmöglich im Leben zurechtzukommen. Wir werden dann bewusst genug sein, unsere eigene innere Verfassung selbst zu bestimmen. Wollen wir unglücklich sein oder erfüllt von Frieden und Freude? Die Entscheidung liegt bei uns. Meditation kann uns helfen, Frieden und Glück zu wählen, indem wir unsere mentalen Toxine entfernen.

Übung: Gehe dieses Buch noch einmal durch und schreibe auf, welche Toxine deinen eigenen Frieden und dein Glück beeinträchtigen. Lerne die Methoden, die in den einzelnen Kapiteln vorgeschlagen werden und aufzeigen, wie man sein Gemüt von mentalen Toxinen befreien kann. Erstelle dann einen Handlungsplan, um die Toxine zu entfernen. Nimm dir jedes Toxin einzeln vor und arbeite daran, dich von seiner Wirkung zu lösen. Wenn du dich von einem Toxin befreit hast, beginne, am nächsten zu arbeiten. Beobachte, wie deine Gedanken und Emotionen allmählich zur Ruhe kommen. Arbeite weiter daran, bis du eines Tages aufwachst und auf ein Leben ohne Stress, Angst, Furcht, Sorge und Depression blickst. Du kannst jeden Tag von Frieden und Freude erfüllt aufstehen.

Über den Autor

Sant Rajinder Singh Ji Maharaj ist Autor und international anerkannter spiritueller Meister der Meditation auf inneres Licht und inneren Klang. Er leitet *Science of Spirituality* (im deutschsprachigen Raum: *Wissenschaft der Spiritualität*) mit über 3.200 Zentren in 50 Ländern, wo man meditieren lernen kann. Die zahlreichen Bücher des Bestseller-Autors wurden in 56 Sprachen übersetzt. Dazu zählen die deutschen Titel *Meditation – Medizin für die Seele, Heilende Meditation* und *Brücken bauen durch Meditation*. Von ihm wurden auch viele CDs, DVDs und hunderte Artikel in Zeitschriften und Zeitungen veröffentlicht. Er erscheint im Fernsehen, im Radio und bei Internetübertragungen weltweit und ist in sozialen Medien präsent.

Sant Rajinder Singh Ji Maharaj erhielt 1967 den akademischen Grad eines Bachelors im Ingenieurwesen am I.I.T. (Indian Institute of Technology) in Madras, Indien, und 1970 den Grad eines Master of Science am I.I.T. (Illinois Institute of Technology) in Chicago, Illinois, als Elektroingenieur. Auch wurde er mit dem Universitätspreis *Special I.I.T. Fellowship* ausgezeichnet. Er hatte eine erfolgreiche zwanzigjährige Karriere im Ingenieurwesen, in Kommunikationswissenschaften und Technologie und arbeitete u. a. in einem der weltweit führenden Kommunikationsunternehmen. Für seine Errungenschaften für Frieden und Spiritualität erhielt er vom *Illinois Institute of Technology*, Chicago, Illinois, die Auszeichnung *Distinguished Leadership Award*.

Durch seine Arbeit in der Wissenschaft, im Computerbereich und im Kommunikationswesen vermittelt er einen wissenschaftlichen Zugang zur Spiritualität. Auf einfache Weise erklärt er den Menschen die Wissenschaft der Spiritualität und die Methode der Meditation, sodass sie diese verstehen und selbst praktizieren können. Er hält Meditationsseminare, öffentliche Vorträge und leitet internationale Konferenzen, bei denen er Millionen von Menschen in aller Welt seine kraftvolle und gleichzeitig einfache Meditation auf inneres Licht und inneren Klang vorstellt. Die Vorteile der Meditation erklärte er vor medizinischem Fachpersonal z. B. am *National Institute of Health*, am *All India*

Institute of Medical Sciences, an Universitäten wie *Harvard University, University of California (Berkeley), I.I.T. Madras (Chennai), I.I.T. Delhi, I.I.T. Mumbai* sowie in Hospizeinrichtungen. Viele Ärzte haben die Meditationstechnik durch ihn gelernt und setzen sie regelmäßig bei ihren Patienten ein. Seine spirituelle und humanitäre Arbeit wurde von Führungspersönlichkeiten des öffentlichen und gesellschaftlichen Lebens mit zahlreichen Auszeichnungen und Ehrungen gewürdigt. Sein ganzes Leben widmet er dem Dienst an der Menschheit und er setzt sich für Weltfrieden, Einheit und spirituelle Erhebung ein.

Sant Rajinder Singh Ji Maharaj
Kontakt: www.sos.org
oder: Science of Spirituality International Meditation Center,
4105 Naperville Rd., Lisle, IL 60532
Tel.: +1/630/955/12 00
Fax: +1/630/955/12 05

oder: Kirpal Ashram, Sant Kirpal Singh Marg,
Vijay Nagar, Delhi, Indien 110009
Tel.: +91/11/27 11 71 00
Fax: +91/11/27 21 40 40

Weitere Informationen zu Veröffentlichungen
Kontakt:
SK-Publikationen Verlags-GmbH
Schleißheimer Straße 22a, 80333 München
Tel. +49/89/84 79 74
Bestellungen per E-Mail an: vertrieb@skp-verlag.eu
Internetseite: https://shop.skp-verlag.eu